# MADAME

# DE SOUBISE.

# MADAME

# DE SOUBISE

PAR

## Roger de Beauvoir

Bruxelles et Leipzig.

MELINE, CANS ET COMPAGNIE.
LIBRAIRIE, IMPRIMERIE ET FONDERIE.

—

1843

au naturel une fable d'Ésope. L'inscription de quatre vers, gravée en lettres d'or sur une lame de bronze peinte en noir, indiquait assez le sujet ; ces vers étaient de Benserade.

Par une journée assez belle du mois de décembre 1679, debout près de l'une de ces fontaines, un jeune homme, le bras appuyé sur un tronc d'arbre, considérait avidement un médaillon qu'il venait de tirer à l'instant même de sa basque d'habit, et qu'il portait de temps à autre à ses lèvres avec un soupir.

Il lui adressait depuis un bon quart d'heure une foule de supplications ou de reproches, quand il fut distrait de cette sublime contemplation par le retentissement de plusieurs pas sur les feuilles sèches. C'étaient deux promeneurs qui marchaient alors côte à côte, l'un le chapeau à la main malgré la saison, l'autre la tête couverte. Ce dernier avait l'aspect assez imposant, mais en ce moment tous ses traits exprimaient un dépit marqué. Il sortait sans doute des petits appartements, car celui qui le suivait n'était autre que Bontemps, le valet de chambre du roi, qui se confondait avec lui en salutations et en excuses.

— Si Sa Majesté eût pu prévoir la visite de monsieur le prince !... Mais elle a pris médecine et appartient à M. Fagon pour tout le jour.

Monsieur le prince ne voudrait-il donc pas coucher ce soir au château ? Son appartement sera bientôt prêt.

— Merci , Bontemps, je repars ; tu trouveras ma livrée au pied du grand escalier. Préviens Almanzor, mon premier laquais , de me venir prendre ici.

— Comme il plaira à monsieur le prince , répondit Bontemps ; je rejoins mon poste. Un mot seulement : devrai-je avertir Sa Majesté ?

— La lettre que je t'ai donnée et que tu remettras à Sa Majesté ce soir même devra suffire. Ajoute cependant , si tu le veux, que je m'en suis fait le porteur. Au revoir , Bontemps, je suis satisfait de toi ; ce n'est vraiment pas ta faute si je ne reçois aucune nouvelle de ma femme...

Ah ! les temps sont durs , ajouta-t-il en s'asseyant sur l'un des bancs du bosquet. Qui m'eût dit il y a trois mois !... Maudite lettre anonyme qui m'a fait revenir de ma terre de Bretagne ! Arrivé d'hier à Paris, je sue sang et eau... Et Châteauneuf qui ne revient ici que dans quelques jours !... Renvoie-moi au plus vite Almanzor, mon cher Bontemps, je vais en t'attendant me récréer à lire les fables d'Ésope ; il y a toujours à gagner pour les maris avec un tel moraliste.

Et Bontemps parti, le prince se mit à examiner le premier apologue qui se présenta. C'était celui du *Lièvre et de la Tortue*. Le terme de leur course était figuré par un rocher d'où s'échappait un torrent. Au bas de la fable se trouvaient ces vers assez prosaïques du trop fameux Benserade :

Le lièvre et la tortue allaient pour léur profit :
Qui croirait que le lièvre eût demeuré derrière?
Cependant, je ne sais comment cela se fit ,
Mais enfin la tortue arriva la première.

— Il a de l'esprit, ce diable de Benserade ! murmura le prince, et voilà une morale qui semble faite pour moi. Qu'allais-je chercher à Versailles ? La colère du roi , peut-être , car il ne plaisante pas en fait de disgrâces ; et ma femme est disgraciée , à ce qu'on m'écrit. Oui, mais ce qui m'effraye , c'est que dans un bon ménage tout doit être commun , et si démanché que soit le nôtre... Je suis accouru en toute hâte... Maintenant que j'ai fait le lièvre , aurai-je la prudence de la tortue ?

Absorbé dans ses réflexions , le prince se croyait seul , quand il entendit un soupir à trois pas de lui. C'était notre amoureux, qu'un massif de chèvrefeuille lui cachait ; il était

toujours dans la même attitude, et ne quittait
pas des yeux le médaillon qu'il tenait. La vue
de ce jeune homme éveilla chez le prince un
sentiment indicible de curiosité. Il y a toujours
dans l'ensemble d'un pauvre amant quelque
singularité grotesque qui vous frappe : celui-ci
ne s'apercevait pas seulement qu'il était tête
nue par un froid assez piquant. Le prince se
crut alors obligé lui-même de ramener sur ses
épaules un épais manteau écarlate brodé d'al-
marges en or.

Notre héros (car nous ne pouvons dissimuler
à nos lecteurs et surtout à nos lectrices que l'a-
moureux est le héros de cette histoire) conservait, sous la perruque et l'ample bariolage
de rubans alors à la mode, le type des physionomies bretonnes ; son teint était clair et
délicatement nuancé de ces transparences ex-
quises si chères aux peintres ; il avait la taille
petite mais bien prise, les dents belles, et les
yeux d'un bleu fort vif. Rigault de Troyes ou
Largillière auraient épuisé vainement leur art
pour rendre l'ensemble à la fois doux et robuste
de ce jeune homme qui n'avait rien des courtisans du bel air, et ressemblait plutôt à un
provincial de bonne mine tout fraîchement débarqué à Paris, qu'à un *beau* de Versailles
imbu de la lecture du *Prince de Condé*, de *la*

*Duchesse d'Estramène* et de *la Princesse de Clèves.*

Ceux de nos lecteurs qui ont parcouru studieusement la Bretagne se rendront compte plus facilement que les autres du charme singulier empreint sur ces sortes de figures moitié agrestes, moitié nobles. Transportées brusquement au sein de Paris, elles acquièrent un grand relief de vigueur. Ainsi en était-il de ce jeune gentilhomme, duquel on ne pouvait dire, au premier abord, s'il était dans la robe ou dans l'épée, la cour ou les sciences, mais dont la beauté se faisait certainement honneur à elle-même par un air de modestie et d'honnêteté qui prévenait bien vite en sa faveur. La franchise du pays brillait dans ses moindres traits, sur son front empreint de résolution, comme sur sa lèvre habituellement dédaigneuse. En l'observant avec soin, on eût pu se convaincre pourtant qu'une pensée sombre et cruelle venait de temps à autre se faire jour à travers les lignes de ce visage frais et calme; au besoin, la haine eût pu tenir dans ce cœur autant de place que l'amour.

Le prince l'observait sans pouvoir se rendre compte de l'intérêt subit que lui inspirait sa vue. Jaloux de suivre en paix le cours de ses pensées, il s'était d'abord applaudi d'être seul; mais l'ingénuité du provincial lui parut un

thème tout trouvé pour dérouter merveilleuse-
ment son ennui. Il s'approcha donc de lui sur
la pointe du pied, et, regardant par-dessus
l'épaule du jeune homme trop abîmé dans son
amour pour l'entendre, il put considérer à loisir
le médaillon qu'il tenait.

Cet examen du prince ne fut pas long; sa
surprise fut si grande, qu'elle faillit avertir le
jeune homme de sa présence. Il réprima un cri
faible, et feignant de n'avoir rien vu:

— Monsieur ne fait pas attention que l'on va
fermer les grilles du parc, lui dit-il; les jours
sont fort courts au mois de décembre, et il est
déjà cinq heures.

—Cinq heures ! reprit le jeune homme en
sortant tout à coup de sa rêverie; c'est le moment où M. de Cavoie quitte ordinairement son
service, à ce qu'on m'a dit : excusez-moi, monsieur, il faut que je me rende à l'hôtellerie du
*Soleil d'or.*

— Où vous chercheriez en vain M. de Cavoie,
jeune homme; il est depuis ce matin à la
Bastille.

—Miséricorde ! monsieur, à la Bastille ! et
qu'a-t-il donc fait ?

— Pour cela, je l'ignore; mais ce que je sais,
c'est qu'il y est. Vous vouliez le voir, lui parler?... je doute qu'on vous donne accès près de

sa personne ; les ordres de Sa Majesté sont très-sévères...

— Malheureux que je suis ! reprit le jeune homme en tirant un papier de sa basque, voilà donc une lettre que je ne remettrai point à son adresse !

— Si vous voulez m'en charger, j'ai quelque crédit ; les portes de la Bastille s'ouvriront peut-être devant mon nom. Parlez, que puis-je faire pour vous obliger ? ajouta le prince d'un ton où il entrait plus de curiosité intéressée que de compassion réelle. Il avait toujours les yeux sur son interlocuteur, et ne le vit pas sans une secrète contrariété prêt à remettre dans sa poche le médaillon qu'il avait furtivement considéré.

— Ce portrait que vous tenez là, dit-il en faisant un geste pour l'arrêter, est celui d'une maîtresse ?

L'amoureux rougit à cette question à brûle-pourpoint, mais c'était moins de honte que d'indignation, à coup sûr, car il se hâta de désabuser le prince.

— Ce portrait, répondit-il avec fermeté, est celui d'une personne que je révère trop pour en faire un vain hochet de vanité ; je ne suis pas de la cour, monsieur, et je demeure surpris de votre demande.

— Je suis loin d'avoir voulu vous offenser, mon jeune ami, reprit le prince en jouant avec les glands d'argent de sa canne; mais à mon âge il est permis de questionner les amoureux, comme au vôtre il est souvent utile de répondre à ceux qui ont quelque expérience. Je ne veux point voir les traits de la personne en question; toutefois, si c'est une dame de la cour, vous ne pouvez tomber en meilleures mains que les miennes pour savoir mot pour mot ce qu'on en débite. Vous me paraissez avoir au plus vingt-trois ans, et si mes conseils, ma protection...

Le jeune Breton releva dédaigneusement le front à ce mot, et regarda celui qui lui parlait d'un air de méfiance et de doute. A n'envisager que l'extérieur du prince, il y avait certes une différence marquée entre ses habits et ceux de notre héros; mais il lui sembla que ces prévenances de l'inconnu cachaient un piége. Cependant il crut devoir se démettre peu à peu de ses préventions en examinant avec plus d'attention ce questionneur mystérieux.

C'était un seigneur d'une cinquantaine d'années, dont l'embonpoint pacifique eût fait envie certainement à un chanoine de la Sainte-Chapelle. Il avait les pommettes des joues richement enluminées, un triple menton, et des jambes si courtes, qu'elles eussent dansé à grand'peine le *Pas du roi*. Sa perruque décrivait sur ses épaules deux fleuves de cheveux parfaitement distincts ; ses sourcils noirs, épais, servaient d'arc à deux petits yeux à fleur de tête qui exprimaient plutôt la simplicité que la malice. Son masque était loin pourtant de manquer de noblesse ; chacune de ses lignes, et surtout celle du nez, conservait une distinction marquée. On eût vainement cherché une apparence de morgue ou de fierté dans sa tournure ; il avait, tout au contraire, une désinvolture libre et qui vous mettait bien vite à l'aise malgré les prérogatives du rang ; en un mot, c'était un de ces seigneurs si rares auxquels on sait gré de leur visage.

Le jeune homme ne tarda pas à se rassurer, surtout en voyant la bonne grâce qu'il mit à lui offrir sa protection et une place dans son carrosse. Recommandé à M. de Cavoie, qu'il avait la contrariété de ne pas trouver à Versailles, il ne pouvait mieux faire que de se confier à un seigneur qui semblait être si fort de ses amis et ne manquerait pas de lui faire parvenir sa lettre. A la livrée du prince et aux respectueuses façons de ses laquais, il reconnut vite qu'il avait affaire à l'un des premiers seigneurs de la cour de France.

— Où voulez-vous descendre à Paris ? lui demanda le prince dès que la voiture eut ébranlé le pavé. Le jeune homme parut troublé.

— Je ne demeure point à Paris, monseigneur, mais à la Chapelle.

— A la Chapelle, près Paris ?

— Non, monseigneur, à la Chapelle, terre de M. de Luynes.

— Chez M. de Luynes, dites-vous ?

— C'est-à-dire au village voisin de sa terre. En descendant à la barrière Saint-Denis, j'y trouverai bien un cheval, car il faut que je retourne ce soir même à la Chapelle.

— Ce soir ? Mais il y a six mortelles lieues.

— N'importe, monseigneur.

— Et si je vous conduisais avec mes chevaux jusqu'à cette terre de M. de Luynes ?

— Vous, monseigneur ! vous raillez ?

— Nullement ; je serai ravi d'être utile à un protégé de M. de Cavoie, à un amoureux qui cherche les aventures ! Il se pourrait, d'ailleurs, que j'eusse affaire moi-même à l'intendant de M. de Luynes.

— En vérité, monseigneur,… je ne saurais accepter.

— Laissez donc ! Au lieu d'un mauvais bidet de poste qui vous casserait peut-être le cou avant d'arriver, il vaut bien mieux que vous

fassiez route dans un excellent carrosse ; mes
chevaux sont frais, alertes, et il y aura bien toujours pour moi une chambre au château de
M. de Luynes ! reprit le prince avec un mali-
cieux sourire.

Le jeune homme hésitait, sans doute par
circonspection ; mais le propriétaire du carrosse cria soudain au cocher de prendre la route
de la Chapelle.

# II

En se voyant obligé aussi généreusement,
notre héros se confondit en remercîments
obséquieux. Le prince l'observait avec la satis-
faction d'un homme qui est à peu près sûr de
vaincre une résistance ; il voulait amener son
compagnon de voyage à des confidences qui
l'intéressaient sans doute, car il rompit le premier le silence, et s'adressant au Breton :

— Voilà M. de Cavoie plus heureux que moi,
dit-il, vous l'allez sans doute choisir pour votre
mentor. Le connaissez-vous ?

— Non, monseigneur, c'est ma tante, madame la baronne de Morlac, qui m'a donné une lettre pour lui... Je suis désolé d'apprendre sa captivité...

— Bast! après quelques jours de réflexions à la Bastille, il en sortira plus jeune, plus ardent et plus dispos, malgré ses trente-cinq ans sonnés d'hier. Vous lui plairez, je gage, et votre liaison sera bientôt faite. Et tenez, il ne se passera pas une semaine qu'il ne sache votre histoire et celle de ce portrait...

— Mon histoire est toute simple, monseigneur : vous voyez en moi un gentilhomme de Bretagne débarqué ici depuis un mois...

— Et depuis un mois vous soupirez en secret pour l'héroïne de ce médaillon ?

— Depuis huit jours seulement.

— Ah! c'est seulement depuis huit jours !

— Puisque vous m'avez promis de ne pas insister pour voir sa figure, je puis bien vous dire par quelle rencontre.

— Le hasard sans doute ? le meilleur ministre des rois comme des amants ! Eh bien ! qu'a-t-il fait pour vous, ce divin hasard ?

—Il m'a fait rencontrer il y a huit jours, dans une des rues du Marais, cette dame que je ne connaissais pas et qui marchait près de l'une de ses amies, ses coiffes abaissées sur le visage. Il était sept heures du soir. La dame venait de se confesser sans doute à l'église des Blancs-Manteaux, car je vis son amie déchirer, à sa sortie de l'église, et sur le seuil même, un papier dont il me prit fantaisie de ramasser quelques morceaux sans qu'elles pussent me voir. C'était mal, je le sais, mais la curiosité que ces deux personnes m'inspiraient s'était accrue par une sorte de frayeur mystérieuse qu'elles semblaient éprouver d'être reconnues. Un carrosse de modeste apparence les attendait au coin de la rue du Chaume; elles y montèrent toutes deux en ayant soin de regarder autour d'elles avec précaution. Profitant de la tombée du jour, je me glissai près des roues et j'entendis bientôt celle qui tenait ses coiffes abaissées, et dont je vis passer les belles tresses blondes, dire au cocher : *A la Chapelle, chez M. de Luynes!* La voiture s'éloigna avec une merveilleuse rapidité, et je restai seul, cloué à l'angle de cette rue, devant la porte de l'hôtel de Soubise. Ses grilles étaient fermées, et l'on n'entendait alors aucun bruit.

— Et vous ne vîtes pas la figure de cette dame?

— Impossible, monseigneur, et c'est ce qui me désolait, comme vous pensez !

Je n'eus alors rien de plus pressé que de rassembler les morceaux épars de cette confession intéressante. Hélas ! le ciel se joua de ma coupable curiosité, car il devenait impossible de les faire concorder entre eux le moins du monde. L'honneur de la pénitente était sauvé, lorsqu'en retournant l'un de ces lambeaux de papier, je crus reconnaître un nom. En épelant ce nom, je sentis un frisson étrange courir mes veines ; c'était bien mon nom, mon nom écrit d'une main faible et tremblante !

— Votre nom !

— Je m'appuyai contre l'une des bornes de l'hôtel de Soubise, en proie à mille réflexions que je ne saurais me rappeler ; la seule qui me revienne en ce moment, ce fut ma surprise d'occuper une place dans la confession de cette personne. Ma vie, jusqu'à ce jour, n'avait guère été connue que de moi ; les premiers temps de ma jeunesse passés en Bretagne ne m'offraient que de sombres et douloureux souvenirs. Mon père et ma mère n'existaient plus ; je vivais dans le château d'une vieille tante, la baronne de Morlac, à qui ma mère m'avait confié en mourant. Elle m'annonça un jour que la modicité de sa fortune la forçait de congédier ses domestiques et de se retirer au couvent. « Du fond de cette demeure sainte, disait-elle, je pourrai veiller sur toi, je pourrai demander à Dieu qu'il te protége dans une carrière où plus d'un

membre de ta famille s'est illustré, le métier
des armes! Pauvre enfant! ajouta-t-elle en me
baisant au front, Dieu veuille que tu sois plus
heureux que ton père! » Elle ne m'en dit pas
davantage et me conduisit elle-même au coche
de Nantes, après m'avoir donné une lettre pour
M. de Cavoie, dont son mari avait été frère
d'armes. La digne femme pleurait beaucoup;
j'allais oublier de vous dire qu'à côté d'elle il y
avait aussi une autre personne qui pleurait.
C'était une jeune Bretonne, mademoiselle Berthe
de Pontareuc, qui, je le pense, ne me vit pas
en effet partir sans chagrin, car depuis un mois,
grâce à la proximité du voisinage, nos études,
nos jeux, tout avait été commun entre nous.
Quant à moi, j'aimais Berthe comme une sœur,
mais je n'avais pas même remarqué jusque-
là qu'elle pût m'aimer. J'arrivais donc à Paris
avec ma lettre pour M. de Cavoie, lettre que je
ne pus lui remettre d'abord, faute des retards
de mon tailleur pour mon habit de présentation.
L'auberge où j'étais descendu, rue des Vieilles
Haudriettes, s'appelait le *Grand Saint-Luc,* et
je n'en sortais guère que le soir pour me rendre
parfois au sermon des Blancs-Manteaux. Jugez
de mon étonnement en voyant l'acteur d'une
vie si simple, si modeste, transporté tout d'un
coup, par la découverte de cette confession,

dans les régions du roman ! Je passai une mauvaise nuit, et le lendemain je m'éveillai avec la
fièvre. J'allai trois fois de suite chez mon tailleur pour lui demander un habit : il me répondit insolemment que les livrées du marquis
de Gesvres l'occuperaient encore pour un mois,
et que je devais attendre. La pensée de mon inconnue ne me quittait plus. Son adresse me
revint à la mémoire ; à tout prix je voulais la
découvrir, et je me dirigeai bientôt vers la Chapelle. Il était trois heures du soir lorsqu'à
l'extrémité de ce faubourg écarté, j'acquis la
triste assurance qu'il ne s'y trouvait aucune
propriété de M. de Luynes. Le garçon du *Grand
Saint-Luc*, qui m'avait amené jusqu'à la barrière, venait de m'y laisser d'un air narquois
en me souhaitant bonne chance. Il s'imaginait
sans doute que j'allais à quelque rendez-vous
d'amour, tant ma joie lui avait paru de bon au-
gure durant cette route. Cependant mon embarras s'accroissait. Le ciel me prit en pitié,
car il vint à passer un voiturin qui me cria
d'abord de me ranger en me voyant sur le chemin immobile comme un terme ; puis il descendit à moi d'un air empressé dès qu'il eut vu
mon visage. C'était un Breton qui avait jadis
appartenu à ma tante ; il me reconnut et s'offrit
à me conduire à la Chapelle. Nous y arrivâmes

la nuit déjà close. Mon guide, après m'avoir laissé devant la grille de M. de Luynes, alla remiser sa voiture et se coucher, car il devait repartir de grand matin.

Le cœur me battait avec une telle force, qu'à la seule vue de cette grille un voile épais passa sur mes yeux. Oserais-je entrer dans cette maison où la curiosité la plus insurmontable me poussait? J'hésitai longtemps, et en vérité le seul aspect de la demeure devant laquelle je me trouvais était de nature à m'entretenir dans mes irrésolutions. C'était un château noirâtre, dont chaque persienne était soigneusement fermée; il semblait à l'écart de toute autre habitation, et le vent faisait crier en ce moment chaque girouette de sa toiture. Qu'allais-je faire? Me présenter moi-même aux yeux d'une étrangère que je n'avais pas même prévenue de ma visite, d'une femme qui n'était peut-être pas libre de me recevoir? Il n'y avait que la fièvre ou l'amour qui eussent pu me mettre en tête de pareilles idées; j'en comprenais déjà la folie et le péril, quand une pluie fine vint à tomber et me força bientôt à chercher un abri dans le seul cabaret que possédât le village.

Là plusieurs valets s'étaient attablés; ils ne ressemblaient pas mal à une troupe de cormorans par la fureur de leur appétit. Il y avait à la porte un fourgon qui devait sans doute les ramener à Paris, et dont le cocher ne se faisait faute de boire avec eux, lorsque le plus gros de la bande, que l'on appelait, je crois, Chamboran...

— Chamboran ?

— Il me semble l'avoir entendu nommer ainsi ; c'était un fort beau valet de chambre, et il trouva bon de haranguer ses camarades... Si vous l'aviez entendu énumérer les vertus de sa maîtresse ! Elle est belle, elle est aussi bonne que belle, elle les aimera toujours, elle prendra soin d'eux, même en les renvoyant, car désormais elle veut vivre seule, dans la retraite et loin de la cour ! Elle a réformé son train de maison et leur a rendu leur liberté! Et là-dessus des pleurs, des rasades, des éloges arrosés de la piquette du lieu. Ils avaient parlé du château de M. de Luynes comme du lieu choisi par leur maîtresse. Lorsque le fourgon partit, je m'approchai de l'un des convives et lui demandai bien bas le nom de celle qu'ils se voyaient ainsi forcés de quitter.

— Qu'est-ce que cela vous fait? me répondit cet insolent en me toisant de la tête aux pieds; à qui êtes-vous? Vous n'êtes pas de la cour !

— De la cour? repris-je avec tristesse ; de la cour, elle est de la cour, et moi!...

Je courus à un autre, mais il me fut impossible de tirer le moindre éclaircissement de ces ivrognes, qui tous s'étaient d'ailleurs promis de ne pas répondre. Affligé, confus, je retournai devant la grille. A tout prix je voulais savoir par quelle bizarrerie mon nom se trouvait inscrit dans la confession de cette dame ; je pris mon courage à deux mains et je sonnai hardiment. Le sourd aboiement de quelques dogues me répondit seul d'abord, puis un petit guichet s'ouvrit à une porte basse cachée par un massif, et que je n'avais pas jusqu'alors aperçue près de la grille. Une voix fêlée de vieille duègne me demanda ce que je voulais.

— Je désire parler à la dame du château, repris-je avec assurance.

— Votre nom?

J'avoue que cette question si simple me troubla ; je ne me sentis pas le courage de satisfaire cette femme, et de lui jeter à l'oreille un nom sonore en Bretagne, un nom qui, la veille encore, avait remué en moi d'étranges idées en le trouvant inscrit sur la confession de mon inconnue. Je rencontrai au fond de mon âme une sorte de terreur instinctive à prononcer seul ce nom au milieu de l'obscurité de

la route, près d'un château isolé, sans avoir
près de moi un ami ou un valet. Je serrais dans
ma main le morceau de papier ramassé à la
porte des Blancs-Manteaux ; il me vint en idée
de le lui donner : ceci fait, le guichet se referma.

— Il est vraiment difficile d'entrer dans le
château de M. de Luynes, pensai-je ; serait-ce
à sa femme ou à sa sœur que j'aurais affaire ?
Ce nom cependant n'a jamais été prononcé devant moi par aucun membre de notre famille...

J'en étais là de mes réflexions lorsque la
vieille passa de nouveau son horrible tête au
guichet. Cette fois, Dieu me pardonne ! je crus
voir la tête de Méduse elle-même.

— Fuyez ! s'écria-t-elle, fuyez ! la seule vue
de votre nom vient de causer un évanouisse-
ment à notre maîtresse. Le docteur Fagon, arrivé ce soir de Paris, est auprès d'elle, et il
vous défend d'entrer.

A cette foudroyante injonction, je ne crus
pouvoir mieux faire que de me retirer en toute
hâte. Le nom du docteur ne m'était pas connu,
mais je crus ne devoir point insister, et surtout
à pareille heure. Rabattant mon manteau sur
mon visage, je gagnai l'une des maisons les
plus voisines du château, et j'y arrêtai un gîte.
Les jours qui suivirent s'épuisèrent en démarches aussi fréquentes, aussi infructueuses, aussi

tristes. Les pierres d'un château fort, d'une
bastille, d'un sépulcre, ne sont pas plus scellées
que les pierres de cette maison. La nuit, je rô-
dais autour d'elle comme un voleur ; le jour, je
cherchais vainement à percer du regard l'épaisseur de ces murailles. La santé de mon inconnue m'inquiétait ; j'eusse donné ma vie pour
lui parler, fût-ce devant le docteur, lorsqu'un
soir je crus voir sa fenêtre éclairée, contre sa
coutume. Elle était à son balcon, et congédiait
de la main un personnage assez bien fait qui se
retournait dans le jardin en donnant devant
elle, et pour qu'elle le vît, mille baisers ardents
au médaillon qu'il tenait pressé contre ses lèvres. Malgré le dépit que me causait cette vue,
je m'occupais moins en cet instant du cavalier
que de la dame ; elle me parut si admirablement belle, que je ne saurais la comparer qu'à
l'une des belles statues de ce parc de Versailles
où je viens d'en voir de si parfaites. Le hasard,
comme je vous l'ai dit en commençant ce récit,
voulant sans doute me mettre à même d'apprécier de plus près ses traits divins, permit que
la précipitation du gentilhomme le trahît, car,
en remettant dans sa veste brodée le portrait en
question, et en s'élançant au triple trot de son
cheval, il laissa glisser à terre la précieuse peinture. Il faut savoir, monseigneur, quelle hor-

rible tristesse s'était emparée de moi, à la vue
de cet homme que je jugeai devoir être un rival,
pour comprendre ma joie dans une pareille circonstance ; je me fis voleur avec délices, je ra-
massai le portrait et le cachai avec amour dans
mon sein. La fenêtre s'était refermée, la bise
soufflait, je m'enfuis avec mon trésor... A qui
appartenait-il ? je l'ignorais, mais ce que je sais,
c'est que je fus convaincu dès le soir même que
la personne dont j'envisageais les traits était à
coup sûr une des plus ravissantes femmes de la
cour. Elle était peinte en Diane, et dans chaque
anneau capricieux de sa coiffure le peintre avait
eu l'art de semer des touches délicieuses de
finesse ; c'était une blonde accomplie, les joues
aussi roses que la peau de son cou et de ses bras
était blanche. Ma première pensée fut de lui
écrire en lui renvoyant ce portrait, mais je me
sentis bien vite au-dessous d'une telle générosité. N'avait-elle donc pas entre les mains un
souvenir qui devait me donner accès près d'elle,
mon nom dont je ne pouvais comprendre l'é-
trange et subite impression sur son esprit? Il
me vint en idée de m'adresser alors au seul
homme qui pût me tirer de l'inextricable embarras où je me trouvais, et me donner accès
auprès de celle que j'aimais déjà... Je me sou-
vins de M. de Cavoie et de ma lettre, je pensai

qu'il se ferait un plaisir d'être utile au neveu de l'un de ses compagnons d'armes... Mon oncle avait fait deux campagnes sous lui, je me déterminai à entreprendre celle-ci sous son commandement absolu... M. de Cavoie, me disais-je, me dira quelle est cette dame ; nul doute qu'il ne me facilite l'accès de ce terrible château. Vous qui connaissez la cour, ai-je eu tort de penser ainsi, monseigneur ? Vous qui connaissez les femmes, pensez-vous qu'on ne doive les adorer qu'en peinture ? Il y a d'ailleurs dans cette aventure bizarre un secret qu'il m'importe de pénétrer : je veux savoir comment il se fait qu'une grande dame connaisse le nom du pauvre Régis de Kerven.

Le prince avait écouté avec la plus scrupuleuse attention le récit du jeune gentilhomme, sans laisser échapper la moindre marque de surprise ; mais lorsqu'il prononça son nom en finissant :

— Je crois avoir vu ce nom sur quelques papiers de famille, reprit-il négligemment, c'est en effet un de nos bons noms de Bretagne...

Il y eut un intervalle de silence qui dura un demi-quart d'heure; puis le prince, regardant le provincial d'un air goguenard :

— A merveille, mon cher, vous chassez heureusement pour un nouveau débarqué, et surtout vous ne perdez pas de temps! Maintenant que nous voilà presque arrivés, vous ne refuserez plus, j'espère, de me laisser voir le portrait de votre inconnue...

— Monseigneur, reprit le jeune homme, ce portrait ne m'appartient pas, j'ai juré ma foi de Breton que personne ne le verrait.

— A votre aise, jeune homme. Vous ne voulez pas me faire voir ce portrait ; je serai plus généreux, je vais vous présenter à l'original.

Et après avoir fait signe à son cocher d'arrêter devant la grille que venait d'atteindre le carrosse :

— Almanzor, cria-t-il au premier laquais qui venait déjà de descendre à l'une des portières, demande à ma femme si elle peut me recevoir.

# III

— Votre femme, monseigneur ! s'écria le
jeune homme, pâle de surprise.

Ses traits étaient bouleversés comme par un
choc subit, et il ne vit pas sans une secrète
terreur deux énormes valets de pied, la torche au poing, ouvrir silencieusement à M. le
prince.

— Me voilà entre les mains d'un mari, pensa
Régis, je suis venu me prendre moi-même aux
filets de l'oiseleur !

Cependant le prince montait déjà les degrés
de la terrasse principale d'un air assuré. La

promptitude que l'on mit à l'introduire semblait seulement le surprendre, car il demanda
à plusieurs reprises à Almanzor si la princesse
avait paru contrariée de cette visite.

— Nullement, monseigneur ; elle vous attend au salon avec madame la maréchale de
Rochefort. Je n'ai pas cru devoir lui dire,
ajouta Almanzor à voix basse, que monseigneur
se faisait suivre par quelqu'un...

— C'est bon, je me charge de la présentation.
Aucun des Luynes n'est ici ?

— Aucun, monseigneur.

Pendant ce colloque, l'embarras du Breton
était au comble, il trébuchait presque sur les
marches de l'escalier comme un homme ivre.
La métamorphose du prince en mari avait été
si subite, son invitation si brève, que Régis
eut à peine le temps de se reconnaître : il se
trouvait là en flagrant délit d'imprudence,
obligé de suivre son étrange conducteur, et se
rappelant déjà mille histoires tragiques qu'il
avait ouï conter sur les époux de la féodalité
dans sa Bretagne. Cependant sa passion prit le
dessus, Régis comprit bien vite qu'il touchait
à l'un de ces moments solennels qui décident
souvent de toute une vie. Évidemment, le jeune
amoureux se trouvait trop près d'une bonne
fortune pour songer à ses périls ; il se composa

un maintien brave, et s'approchant du prince devant qui l'un des valets ouvrait déjà le battant d'une galerie :

— Au moins, monseigneur, vous ne m'en voudrez pas de ma franchise, dit-il avec une sorte de confusion repentante ; rien dans cette aventure, dont je ne vous ai caché aucun détail, ne porte atteinte au respect que je dois à madame la princesse... Peste soit des confidents et des carrosses des grands seigneurs ! pensat-il ; cela vous mène loin.

La galerie assez sombre que tous deux traversaient en ce moment était tapissée des portraits en pied de la famille de Luynes : tous avaient le regard si fier, l'abord si hardi, que Régis ne put croire un seul instant à la parenté du prince avec ces redoutables personnages. Celui-ci, dont nous avons déjà crayonné la figure, ressemblait en effet fort peu à un tyran; sa physionomie était d'un calme parfait : au lieu d'un tigre qui allait peut-être lutter avec lui, Régis vit qu'il avait affaire à un mouton. Le prince, en marchant aussi vite que le permettait son embonpoint, ouvrit sa boîte de porcelaine d'où il tira une forte pincée de tabac; et regardant le jeune homme entre les deux yeux :

— C'est moi, mon jeune ami, qui vous dois

des remercîments, car sans vous, mon cher, j'ignorais l'adresse de ma femme.

Le vif éclat de plusieurs bougies frappa subitement les yeux de Régis, qui allait peut-être répondre au prince quelque phrase banale de politesse. Deux portes dorées venaient de s'ouvrir doucement, et les nouveaux visiteurs se trouvèrent introduits dans une pièce assez vaste, ornée d'une vieille tenture à personnages, de quelques fauteuils à l'ancienne mode, et d'un clavecin devant lequel se tenait encore une dame, ayant sur ses genoux une levrette ornée d'un collier d'or. Près de cette dame était une assez belle personne qui lisait alors un livre à voix basse. L'air de cette pièce sembla glacé à Régis, malgré la bûche colossale qui formait une sorte d'embrasement troyen dans la cheminée. On entendait le sifflement du vent sous les portes vieilles et mal jointes, car ce château délabré ne servait guère que pendant l'été aux délassements de MM. de Luynes, et la dame que nous venons de voir n'en était alors que la locataire.

Dès que le prince parut, la levrette fit entendre un sourd grognement ; sa maîtresse ne se leva pas, et la dame qui tenait le livre fit seule quelques pas vers monseigneur.

— Madame de Soubise est-elle souffrante, que

je ne la vois point se lever? dit à voix basse le prince à la maréchale de Rochefort.

— Un peu moins qu'hier, répondit la maréchale ; et puisque vous voici...

— Ouf ! continua le prince en s'asseyant, vous ne m'attendiez pas, madame, non plus que ce jeune gentilhomme que j'ai l'honneur de vous présenter, qui se nomme... Comment diable m'avez-vous dit, mon cher? Bon ! maudite mémoire, j'ai oublié votre nom. Vous vous appelez ?

— Régis de Kerven, monseigneur. Il y a plusieurs jours, continua-t-il en rougissant, que j'ai fait remettre à madame la princesse un papier où ce nom était écrit.

La princesse, à ces mots de Régis, se leva immobile et pâle, comme si la baguette d'un magicien l'eût touchée ; puis, retombant sur son siége dans une émotion impossible à rendre :

— Mille pardons, monsieur, balbutia-t-elle, j'étais souffrante lorsqu'on m'a remis ce papier,... ce nom,... Je remercie M. le prince de vous avoir amené lui-même ici. Vous demeurez, je pense, à Paris, et je vous renouvelle mes regrets de n'avoir pu recevoir ici le fils d'un homme dont le nom est connu des miens.

Un frisson glacé parut courir les membres de la princesse : elle arrêta ses grands yeux bleus sur Régis avec une singulière avidité. Le jeune homme, qui l'avait trouvée si belle sur son portrait, jugea bien vite que le peintre était loin de l'avoir flattée ; c'était, en effet, une des plus belles femmes dont pût s'enorgueillir la cour du roi Louis XIV. Au premier abord, elle avait dans sa figure une teinte réelle de mélancolie ; mais peu à peu cet air disparaissait sous les vives couleurs d'une peau fraîche et brillante, sous des cheveux abondants et retombant en grappes d'un blond cendré, sous les étincelles d'un regard vif et l'éclat victorieux de tout cet ensemble de reine. Divinement faite, elle brillait surtout par la régularité des lignes, l'agrément de la personne et des manières. A une époque où l'on tenait beaucoup à la gorge et à la taille, où l'ajustement et la composition du costume faisaient partie d'une éducation de cour, nulle personne au monde ne semblait née avec plus de bonheur pour réussir que la femme offerte aux yeux du jeune gentilhomme, et devant laquelle il demeurait dans une extase recueillie. Elle venait de fermer le clavecin et s'était rapprochée du feu avec une sorte d'empressement fébrile.

— Il faut convenir, mesdames, reprit le prince après un moment de silence, que vous

vous cachez à merveille dans ce sombre manoir où MM. de Luynes posent eux-mêmes rarement le pied, attendu qu'ils aiment mieux leur château près de Vallières en Touraine. Je dois un cierge à ce jeune Breton ; car le diable m'emporte si j'eusse été vous chercher ici ! La lettre anonyme que j'ai reçue ne me laissait aucun doute sur le nuage qui a pu survenir à la cour, et que votre esprit dissipera ; mais elle ne me donnait aucun renseignement sur votre retraite, madame la princesse... En vérité, j'eusse autant aimé pour vous la retraite des Filles du Saint-Sacrement, où se trouve madame de Mecklembourg.

— M. de Luynes, mon parent, m'ayant offert sa maison, j'ai dû l'accepter, *monsieur mon cousin,* répondit la princesse ; la cour est un pays dont je ne saurais me tenir trop loin, et peut-être qu'au couvent mes ennemis eussent encore trouvé moyen de me rendre visite.

— Vos ennemis, madame ! s'écria Régis dans un transport dont il ne fut pas le maître ; vous avez des ennemis ?

La princesse sourit tristement ; et, se retournant vers la maréchale de Rochefort :

— Ma toute bonne, dit-elle, avez-vous reçu aujourd'hui quelque nouvelle de madame de Visé ? Il n'y a qu'elle et vous que je puisse appeler à bon droit mes anges gardiens. J'espère qu'elle arrivera bientôt, cette chère madame de Visé. Vous aviez raison, monsieur, reprit-elle en regardant son mari, c'est un vilain château que la Chapelle ; outre le froid qu'il y fait...

— Il y a des revenants, n'est-ce pas ? poursuivit le prince ; moi tout le premier, moi qui arrive sans être attendu ! Ce qu'il y a de sûr, c'est que je suis moulu, brisé. Deux cents lieues pour cette maudite lettre qui m'a fait arriver en poste ! Je me sens d'un appétit...

La maréchale de Rochefort sonna. Un laquais survint, et elle lui donna des ordres à voix basse.

— N'avez-vous pas fait mander Fagon ? reprit le prince en s'adressant à sa femme ; n'est-il point ici ?

— Il en est reparti ce matin même, appelé, je crois, par notre amie commune, madame Cornuel, qui a chez elle une jeune personne arrivée récemment de la [Bretagne, et dont l'état de santé exige des soins. Mais comment savez-vous, reprit la princesse avec étonnement, qui a pu vous dire que Fagon ?...

— Eh ! parbleu, votre *mourant*, reprit le prince en se tournant vers Régis qui lui faisait signe vainement de ne pas parler. Imaginez-vous que, depuis huit jours, l'honnête jeune

homme que voici rôdait comme une ombre autour du parc de la Chapelle ; qu'il vous aime,
vous pleure, qu'il a même votre portrait. Mon
Dieu oui, continua-t-il, votre portrait tombé
de la poche d'un beau cavalier qui vous adressait mille baisers en partant. Vous voyez,
madame, si je sais ce qui se passe !

La princesse resta interdite quelques secondes ; elle examinait Régis avec embarras. De
son côté le jeune homme, se trouvant ainsi forcé
dans ses retranchements par le prince, ne savait trop quelle contenance garder. Au fond de
son cœur il se repentait d'avoir choisi un tel
confident, et ne pouvait guère concevoir qu'il
prît plaisir à instruire lui-même sa femme de
son amour romanesque. Placé par ce brusque aveu dans la nécessité de rendre le portrait
à la princesse, il n'hésita pas à le tirer de son
sein ; puis, le lui présentant avec une respec-
tueuse tristesse :

— Il est vrai, madame, le hasard m'a fait trouver ce médaillon, et ce n'est qu'à vous qu'il appartient de le remettre à son adresse. Dieu m'est
témoin cependant que j'aurais peut-être quelques droits à garder ce précieux dépôt ; je ne
m'en sépare qu'avec regret, car c'était mon
amulette...

— Et il sera remis à son légitime possesseur,

interrompit madame de Rochefort, qui se hâta de venir au secours de son amie.

— Ne pourrais - je savoir ?... demanda le prince timidement.

Pour toute réponse, la princesse se contenta de toiser dédaigneusement son mari, comme si elle ne lui eût reconnu aucun droit à cette investigation. En recevant le médaillon des mains de Régis, elle sentit trembler les doigts du jeune homme, et elle le remercia par une pression instantanée. La seule apparition du Breton, sa figure, le son de sa voix, avaient jeté dès son abord madame de Soubise dans un tel trouble , qu'un tout autre mari que le prince eût paru inexcusable de ne pas s'apercevoir de l'effet produit sur sa femme par le jeune homme ; mais soit indifférence, soit calcul, M. de Soubise ne donna qu'une très-médiocre attention à cette entrevue, et, prenant madame de Rochefort dans l'embrasure d'une croisée :

— Madame la maréchale, lui dit-il à l'oreille, a sans doute compris que je n'étais pas venu ici pour présenter seulement ce jeune provincial à madame de Soubise ? C'est un oiseau de passage dont elle peut s'amuser pendant le temps de cet exil qui ne saurait être long. Pour ma part, je ne doute pas que dans peu...

— Elle ne rentre en faveur, n'est-ce pas, monsieur le prince? On voit bien que vous revenez de province! Vous ignorez donc ce qui s'est passé?

— En général, on me laisse ignorer toujours, ma chère maréchale. C'est une habitude de madame de Soubise... je suis toujours instruit le dernier.

— Eh bien! alors, je vais vous conter en peu de mots...

— C'est cela, ma toute bonne maréchale; permettez seulement que ce soit dans la salle à manger, car je tombe en défaillance. Il est neuf heures du soir, je n'ai dans l'estomac qu'un potage servi à Versailles, et...

En ce moment un valet de la livrée de M. de Luynes parut, et il annonça le souper.

— Vous ne venez pas? demanda le prince à Régis en frappant sur l'épaule du jeune homme qui contemplait madame de Soubise dans une rêverie profonde. Le feu pétillait dans l'âtre et jetait mille teintes follettes à la grande robe de velours bleu que portait la princesse. Appuyé plutôt qu'assis dans un fauteuil à l'un des coins de cette vaste cheminée, Régis semblait épier chacun de ses mouvements; la levrette occupait sa place accoutumée sur les genoux de sa maîtresse, dont les pieds posaient sur un tabouret incrusté de nacre et d'écaille. Le silence qui

régnait entre madame de Soubise et le jeune
Breton n'avait pas été interrompu une seule fois
pendant la conversation du prince et de la maréchale de Rochefort.

— Allons, mon cher protégé, reprit M. de
Soubise, soyez moins dur au vin de M. de
Luynes. Je me suis laissé dire qu'il en avait
d'excellent.

Régis n'osa refuser, et, prenant congé des
deux dames, il se dirigea vers la salle à manger
avec le prince. Il se promettait bien de ne pas
trop faire l'éloge des morceaux, et d'en finir
comme tous les amoureux avec ce repas qui
l'ennuyait ; mais il n'eut pas lieu de se plaindre
longtemps de son obéissance aux désirs du
prince, car il vit bientôt entrer dans la pièce
où il se trouvait avec lui madame de Soubise
et la maréchale, qui toutes deux paraissaient
très-agitées. Madame de Rochefort tenait en
main une lettre, et, presque à l'instant même
où Régis les vit entrer, il entendit les grelots
d'un cheval dans la cour d'honneur.

— Voici ce que nous apporte le courrier,
M. le prince, une nouvelle terrible, affreuse ;
on dit que M. de Cavoie, notre ami, s'est pendu
dans sa prison !

Le pauvre prince pensa étrangler : non-seulement Cavoie était son ami le plus intime,

mais ils avaient coutume de jouer souvent , et il devait d'assez fortes sommes au prince.

— Cavoie pendu ! murmura le prince en laissant tomber sa fourchette sur son plat avec un soupir ; je savais de ce matin qu'il était à la Bastille, mais pendu, allons donc !

— M. de Cavoie est à la Bastille ! Vous le saviez, monsieur , et vous ne nous en aviez rien dit, objecta la princesse à son mari d'un air de reproche. Si c'était mademoiselle Aurore , du grand Opéra, ou bien toute autre reine de votre olympe , qui se fût vue ganter par le guet et conduire à Saint-Lazare !...

Le choc de cette phrase , qui faisait allusion à quelques escarmouches cachées de M. de Soubise, ne fut point reçu par lui, nous devons le dire, avec une profonde humilité.

— Mais il ne s'agit pas de souper, monsieur, reprit la princesse, il s'agit de partir , de partir à l'instant même ; songez donc, monsieur, qu'il nous faut demain des nouvelles de notre ami M. de Cavoie... Voyons, levez-vous, vous souperez un autre jour...

— Madame la princesse veut-elle bien me permettre d'être son courrier? dit Régis avec empressement.

— Vous n'y pouvez rien, monsieur, répondit la maréchale , vous n'y pouvez rien ; c'est à

M. le prince qu'appartient cette campagne. Devant son nom seul s'ouvriront les portes de la Bastille. Ce pauvre M. de Cavoie, notre ami, le vôtre, monsieur!... Comment, vous pouvez manger!...

— Écoutez donc, madame la maréchale, je mange parce que je suis à jeun. J'arrive ici, je fais six lieues, et on me renvoie! Si vous appelez cela une entrevue conjugale! Il me sera bien permis, je pense, de prendre avec moi ce jeune Breton. M. Régis de Kerven m'accompagnera.

— Y pensez-vous! la nuit! comme si vous n'aviez pas vos gens! Et nous, monsieur, nous qui sommes seules ici, n'ayant pour toute protection que les gardes-chasse de M. de Luynes!

— Encore un coup, Cavoie ne peut s'être pendu, grommela le prince, on ne fait pas de ces coups-là sans prévenir ses amis... Diable de lettre, qui me coûte six lieues par ce joli temps!

La pluie commençait en effet à tomber en larges gouttes, le vent soufflait avec violence au dehors. M. de Soubise jeta sur Régis un coup d'œil d'envie ; il le laissait au coin d'un bon feu et devant une table bien servie. Pour la première fois peut-être le prince fut jaloux. La consternation la plus sincère était peinte dans les traits de madame de Rochefort ; pour madame de Soubise, elle semblait attendre impatiemment la sortie du prince. Après quelques bouchées hâtives et un verre de romanée qu'il se versa, M. de Soubise assura les boucles de sa haute perruque noire devant un des miroirs de la salle à manger, sonna Almanzor et demanda son carrosse.

# IV

A quelques jours de ceci, dans cette même
salle à manger du château de M. de Luynes,
l'horloge marquait midi, et deux personnages
de bonne mine étaient attablés.

Un énorme pâté de venaison démantelé, plusieurs pièces froides entamées, des bouteilles de
vin de Langon et de Tokai à moitié vides, té-
moignaient assez en faveur de l'appétit des convives. Le plus âgé venait de quitter sans doute
un habit de voyage incommode, car il se pré-
lassait dans une robe de chambre de damas
bleu doublée d'armoisin jonquille, dont l'élé-

gant aspect ne contrastait que trop avec les bottes poudreuses que l'impatience de son appétit ne lui avait pas permis d'ôter. Son assiette était déjà remplie de débris énormes, et il ravageait les plats avec une ardeur incroyable. L'autre était un beau seigneur de trente-cinq à quarante ans, la jambe bien prise, le front haut, les dents éclatantes de blancheur, un de ces vrais types du temps majestueux de Louis XIV, où la hauteur des perruques encadrait fort noblement les visages quoi qu'on en ait dit.

La conversation ne tarda pas à s'animer entre les deux convives, et, grâce aux rasades copieuses qu'ils se servaient, ils n'eurent bientôt plus de secrets l'un pour l'autre.

— Malepeste! Sais-tu, mon cher Cavoie, que pour un pendu tu fais honneur à ce déjeuner !

— Que veux-tu, mon cher Soubise, quand on sort de la Bastille... Tout colonel du régiment Dauphin que je suis, sais-tu qu'on ne me servait là-bas que de la piquette?

— Mais de quoi t'avises-tu aussi, toi que je croyais guéri de la passion de ferrailler! C'est pour quelque beauté mystérieuse que tu te seras battu encore, mauvais sujet. Entre nous tu me dois le nom et l'adresse de cette belle.

— Allons donc! tu me connais bien peu : me

battre pour une femme ! cela est bon pour Lauzun, le chevalier de Guise, le petit d'Ayen, le petit d'Harrouis, ou ce fou de Pomenars ! Je ne sais plus au juste comment cela s'est fait ! Oui, j'ai pris la mouche après avoir soupé, il y a de cela un mois, rue aux Ours, aux trois Cuillers, avec d'anciens braves de mon régiment. J'avais rencontré en ce lieu de plaisance un hobereau, un M. d'Éterville, noblesse de robe, m'a-t-on dit ; il m'a soutenu que Racine faisait mal les vers, et, pour me le prouver, il s'est mis à me réciter *Cinna,* qui, tu le sais, est de Corneille ; tu juges de l'hilarité ! Le chevalier Grippefer, mon second le plus habituel, qui rit très-fort quand il est en pointe de vin, a fait pleuvoir une foule de brocards sur le d'Éterville, qui s'est fâché tout rouge en sa qualité de Normand. Grippefer ne pouvait se battre, parce qu'il avait eu déjà deux duels pour la maréchale de Laferté, dont un lui avait entamé le poignet droit ; c'est à moi que le provincial est échu. Nous avons fini le souper sans parler de Racine, mais le lendemain il a reçu en l'honneur de Corneille un coup d'épée qui vaut bien tous ceux du Cid. On m'a mis à la Bastille un jour après. Voilà tout.

— Et comment t'es-tu trouvé de ce séjour ?

— Mais fort bien, mon cher ; à telle ensei-

gne que je regrette presque d'en être sorti. Ah !
si tu savais à quel prix j'ai acheté ma liberté !

— On t'aura fait jurer de ne plus croiser le
fer de ta vie ?

— Tu n'y es pas.

— D'embrasser le d'Éterville ?

— Pis que cela.

— De ne plus parler de Racine ton grand ami ?

— Nullement.

— Alors ce sera, je le vois, Racine lui-
même qui aura dit à Sa Majesté : Sire, il y a à
la Bastille un homme que vous appelez vous-
même, comme nous tous, *le brave des braves ;*
il a eu querelle pour moi, je vous demande sa
grâce.

— J'aurai fini cette bouteille de vin du Rhin
avant que tu aies deviné.

— Alors parle, et ne me fais pas languir.

— Écoute donc : tu sauras d'abord qu'en
revoyant ces lieux pour la troisième ou qua-
trième fois de ma vie, je les trouvai peu changés. Le gouverneur me reçut très-courtoise-
ment, il m'envoyait des plats de sa table, et
des livres de sa bibliothèque par-dessus le
marché. Je faisais honneur aux uns et aux
autres de façon à lui prouver que je savais
apprécier les choses, lorsqu'un jour... tiens,
vois-tu, Soubise, je n'oublierai jamais ce jour-

là... c'était un dimanche, il pleuvait, et malgré moi j'étais triste. Je pensais aux amis absents, aux ennemis de cour qui ne pouvaient me manquer, aux maîtresses dont pas une n'était venue me visiter dans ma prison ; je maudissais enfin la sévérité du roi, et lisais près de ma fenêtre la tirade d'*Andromaque,* cette belle tirade de l'ami Racine :

« Ne vous souvient-il plus, seigneur, quel fut Hector! »

Lorsque tout à coup j'entends frapper dèux coups à ma porte.

« — Qui est-là! m'écriai-je, et qui peut venir me voir par un temps pareil?

« — Deux personnes de la cour, me répond le geôlier à travers la serrure.

« — Je suis avec Racine, répliquai-je, cet ami me suffit, je ne crois plus aux autres maintenant.

« — Quoi ! pas même aux femmes? »

Et il y eut un petit moment de silence. La voix qui venait de me répondre avait laissé je ne sais quel trouble en mon esprit. J'avais tiré mes verrous à l'intérieur, je m'étais barricadé... Je m'attendris alors, j'ouvre à ces dames, et je vois... Mon cher Soubise, toi qui ne devines pas d'habitude, je te le donne en mille cette fois... ou plutôt j'ai pitié de toi, et, te sachant

mon ami, je veux bien te dire l'histoire jusqu'au bout... Imagine donc, mon cher, que
je vois entrer dans ma chambre la duchesse de
Richelieu en personne, conduisant avec elle...

— Sa nièce?

— Nullement, une demoiselle, une fille
d'honneur de la reine Marie-Thérèse, mademoiselle de Coëtlogon!

— La *laide de la cour?*

— Juste, mon pauvre Soubise! Tu sais que
ce surnom qu'on lui a donné, elle le mérite
malheureusement.

— Sans compter qu'elle est folle du beau
Cavoie, je le sais encore! Elle venait te porter
des consolations ou des conserves de fleurs d'o-
ranger? On dit qu'elle s'entend fort bien à ces
deux choses. Excellente créature, après tout,
Bretonne naïve, ardente, mais un cœur!

— Pour cela c'est vrai, et c'est encore ce qui
me désespère. Je lui voudrais l'âme aussi laide
que sa figure; mais loin de là, Soubise, elle
a été pour moi un modèle de grâce et de bonté.
En un mot, tu sais qu'elle m'aime, c'est chez
elle une maladie, une rage; eh bien! chose
étrange, personne ne s'est avisé de blâmer
cet amour, et ce qui n'est pas moins prodi-
gieux, tout le monde en a eu pitié. Il n'y a pas
jusqu'à cet affreux duc de Roquelaure...

— La médisance incarnée , le singe le plus impudent !..,

— Eh bien , mon cher, il s'en va disant tout haut que je suis un cruel , un brutal, un rocher, un marbre, que sais-je moi? et en vérité il n'a pas tort. J'avoue que je ne me sens nullement humain pour mademoiselle de Coëtlogon , et je la lui céderais de grand cœur à ce magot musqué ; cela ferait du moins deux visages bien assortis.

— N'est-ce pas elle , dis-moi , qui en était aux larmes et aux cris pendant que tu étais à l'armée? La pauvre fille , assure-t-on , avait quitté ses parures tout le temps de la campagne.

— Tout cela , Soubise , n'est que trop vrai ! Oui , ma malheureuse étoile veut que je sois adoré de mademoiselle de Coëtlogon. Jusquelà je me contentais de me dérober de mon mieux à ses avances , je fuyais à la campagne, je soupais parfois les fenêtres ouvertes chez la Magdelon Duprez, ou bien je faisais courir le bruit que j'épousais une margrave , d'après la volonté de madame de Cavoie ma mère. Ah bien oui ! Sous prétexte que je devenais plus mauvais sujet ou plus rangé, Coëtlogon me harcelait tant et si bien qu'en vérité, je crois , j'eusse préféré la Bastille à ses importunités. Je la maudissais, je l'exécrais ! Ma conduite fut telle, le croiras-

tu ? que le roi et même la reine me la repro-
chèrent. Le moment où je leur ai promis d'être
meilleur pour la pauvre Coëtlogon fut précisément celui où je me battis contre ce croquant à
qui Dieu et Racine fassent paix ! Autres douleurs pour Coëtlogon du jour où elle me sut à
la Bastille. Elle quitta ses belles robes et se
vêtit du plus mal qu'elle pût ; elle parla au roi,
entends-tu, Soubise ? et ce que personne, pas
même Seignelay, mon meilleur ami, n'eût osé
faire, elle, une simple fille d'honneur, elle l'a
fait, elle a osé demander au roi ma délivrance,
malgré la rigueur de ses édits.

— Digne fille !

— Oui, digne d'être aimée, tu as raison ; mais
que diable veux-tu, je ne l'aime pas ! Ah ! si elle
avait seulement les yeux de ta femme !

— Continue... Et que répondit le roi au placet de ton amoureuse ?

— Ce qu'il répond toujours, parbleu ! quand
il est question de faire grâce à un duelliste : il
lui tourna le dos et s'en fut courre le cerf.

— Elle dut être bien chagrine ?

— Elle ! chagrine ! tu ne la connais pas, elle
devint furieuse ! Le soir de la chasse, au jeu de
Monsieur, elle renouvela sa demande au roi, et,
n'en pouvant rien obtenir, la rage la suffoqua,
elle le querella jusqu'aux injures...

— Le roi !... allons donc ! La bonne comédie que celle-là !

— C'est aussi vrai que MM. de Luynes possèdent une excellente cave, dit Cavoie en se servant une rasade. Le roi, tu le vois d'ici, riait de tout son cœur ; elle en fut si outrée, qu'elle lui présenta ses ongles [1]...

— Ses ongles !... malepeste ! mais c'est une maîtresse fille que cette fille-là !

— Le roi comprit bien vite qu'il était plus sage de ne pas s'y exposer ; il se contenta de regarder la reine en souriant. Au dîner qui, tu le sais, a toujours lieu en public, la duchesse de Richelieu et les filles de la reine servent d'ordinaire... Eh bien ! tout le temps de ma prison, voilà bien une autre fantaisie dont tu vas rire, jamais Coëtlogon ne voulut servir au roi quoi que ce fût... Ou elle l'évitait, ou elle refusait tout net.

— Quelle tête ! une vraie Bretonne, tu as raison.

— Ce qu'il y a de bon, c'est qu'elle ajoutait des phrases à toute cette pantomime... Que M. de Cavoie languissait à la Bastille, que c'était la fleur des braves, que pour lui, le roi, il ne méritait pas qu'on le servît à l'armée ou même

[1] Voyez Saint-Simon ; aucun de ces détails n'est exagéré.

à table... En un mot, un sermon du père Bour
daloue dans toutes les règles.

— La plaisante demandeuse !

— Oui, mais ce qu'il y a de moins plaisant,
c'est qu'à la suite de tout cela la jaunisse la
prit, les vapeurs, le désespoir ; enfin, le croi-
ras-tu ? le roi et la reine, la voyant ainsi, ont
exigé bien sérieusement de la duchesse de Richelieu qu'elle la mènerait.

— En Bretagne ?

— Du tout, à la Bastille ! à la Bastille où
j'étais et où, quand elle est entrée, j'ai cru voir
un fantôme, tant la pauvre fille était changée !
Tu peux te figurer mon étonnement quand j'ai
recueilli tous ces détails de la bouche de madame de Richelieu...

« — C'est qu'il n'y avait que votre grâce qui
pût raccommoder mademoiselle avec le roi, me
dit cette bonne duchesse... M. Cavoie, vous avez
eu là un avocat ! »

Et là-dessus Coëtlogon tire une lettre de grâce,
une lettre signée, contre-signée, approuvée, en
un mot, rien n'y manquait. Elle me voit sourire,
me jeter à ses pieds, la remercier comme ma
libératrice ; et la voilà qui redevient d'une
gaieté folle.

« — Sortons d'ici, s'écrie-t-elle, le carrosse
de madame de Richelieu est près des fossés,

hâtez-vous, que je vous reconduise moi-même à l'hôtel de madame de Cavoie votre mère. »

Je voulais mettre en ordre quelques hardes avant de quitter ma chambre.

« —Une idée qui doit satisfaire la rigueur du roi ! s'écrie-t-elle. Vous vous êtes battu malgré les édits, vous vous serez pendu ! »

Et je la vois composant bien vite un mannequin des quelques habits qu'elle trouve épars dans ma chambre ; elle passe une corde à la fenêtre et adosse ce fantôme à l'un des barreaux. Il n'en fallut pas davantage pour que le lendemain chacun me crût mort, tandis que je devais mon salut à ma bienfaitrice. Elle riait aux larmes de cette espièglerie d'écolière, et moi j'étais fort disposé à rire aussi, lorsque madame de Richelieu, m'attirant dans un coin de ma prison, au moment même où j'allais en franchir le seuil, me dit ces mots qui me firent dresser les cheveux sur la tête :

« —Je crois, mon cher marquis, que le désir de Sa Majesté est de vous voir épouser mademoiselle de Coëtlogon ! »

C'était quitter Charybde pour retomber en Scylla.

« —Je ne pourrai jamais reconnaître assez les soins touchants et le dévouement de mademoiselle, » murmurai-je en baissant la tête avec res-

5.

pect. En ce moment-là , je te l'avoue , Soubise, j'aurais voulu qu'on me ramenât aux galères comme cet ancien philosophe dont Bussy me parlait un jour... Je connais assez la cour pour savoir ce que me vaudra ce mot : *le désir de Sa Majesté !* Crois-moi, cher Soubise, c'est uniquement une commutation de peine...

— Que veux-tu dire?

— Qu'à présent me voilà comme Oreste en son fameux monologue : je me vois environné de serpents et d'Euménides !

Grâce au ciel, mon malheur passe mon espérance!

Tu ne sais pas, toi, ce que c'est qu'être aimé de mademoiselle de Coëtlogon ? Je suis maintenant sa chose , son hypothèque , son bien ! Elle me voudra toujours, à toute heure, à toute minute ; elle n'aura de cesse que ma mère (et ma mère l'aime comme sa fille depuis qu'elle m'a fait sortir de prison ) n'ait donné les mains à ce contrat. Te le dirai-je enfin? tu vois un homme consterné de son bonheur, désolé de sa délivrance ! Tu es , à cette heure, ma providence , mon seul Dieu ! Quand tu es venu hier soir, d'un air agité, demander au suisse de ma mère des détails sur mon trépas de la Bastille, j'étais dans le salon, où je me promenais à grands pas, songeant à aller voir notre amie commune, l'excellente et ingénieuse Cornuel, qui peut-être m'eût donné un bon conseil. Tu es venu, je t'ai vu, je suis sauvé... Mon plan, à cette heure, est tout éclos, tout trouvé ; il faut absolument, mon cher Soubise, que tu me laisses faire la cour à ta femme...

— A... ma... femme ? balbutia M. de Soubise étonné. Que veux-tu dire ?

— Que c'est là, mon cher, le seul moyen d'éviter la tempête qui me menace, mon malheur, ma ruine, en un mot, la Coëtlogon, ma furie, mon monstre de Crète !... On va invoquer ma reconnaissance, faire appel à mes sentiments ; on ne manquera pas de m'objecter que je suis célibataire et disponible, qu'on ne me connaît pas d'attachement... Je te crois assez lettré, en un mot, pour avoir lu *le Baron de Fœneste*.

— Au diable si je connais ce baron ! Que dit-il ? voyons.

— Que dans le monde de la cour, notre monde à nous, mon cher, on doit avoir des rubans, des chiens, des amis, et des maîtresses seulement pour le *paroistre* ; que le *paroistre* est tout, et que rien ne vaut l'éclat.

— Quelles billevesées me contes-tu là !

— Écoute donc, Soubise, nous sommes de

trop vieux amis pour avoir rien de caché l'un
pour l'autre. Tu dois comprendre mieux que
personne, mon cher, la frayeur que m'inspire
ce désir de Sa Majesté, toi qui sais quelle rage
elle a de faire des mariages. Le tien ne t'a pas
mal profité, je le sais : tu n'étais que gentilhomme avec quatre mille livres de rente d'a-
bord ; maintenant tu es prince et tu en as quatre cent mille !... Tout cela par ton mérite, et
celui de ta femme, c'est vrai, continua Cavoie
en se mordant les lèvres pour ne point trahir
l'ironie de cette dernière parole. Que te man-
que-t-il ? absolument rien.

— Rien... pas même une disgrâce, reprit
M. de Soubise; oublies-tu que le roi a été prévenu
contre madame la princesse ?

— Raison de plus pour que je m'occupe
d'elle, mon cher : c'est de la bonne et vraie di-
plomatie conjugale ! Je ne suis pas un des
hommes les plus mal faits du royaume ; le roi se
piquera au jeu que je joue, il me fera venir,
me parlera : je tiens mon sort et le tien entre mes
mains.

— Quelle folie ! mais, après tout, cela regarde ma femme ; tu lui en parleras, c'est ton
affaire. Je doute qu'elle accepte cette façon de
cavalier servant, qui peut lui faire encore plus
d'ennemis qu'elle n'en a... D'ailleurs tu doubles

ainsi la jalousie de mademoiselle de Coëtlogon.

— Et c'est tout ce que je veux ! j'occupe l'ennemi et je lui donne le change sur mes projets.

— A ton aise : tu sais que je suis loin d'être un mari jaloux , incommode. Madame de Soubise a toujours eu pour moi une véritable tendresse ; fais-lui part de ta frayeur, dis-lui ton plan , et je ne doute pas qu'elle ne t'aide. Il y a mieux : faisons, si tu le veux, un pacte ensemble.

—Lequel ?

—Je veux bien te l'avouer, je suis épris d'une enfant. Oui, mon cher, je suis amoureux fou de la Raisin, qui vient d'avoir de si beaux débuts sur le théâtre de l'hôtel de Bourgogne. Elle a vingt ans à peine et arrive d'Angleterre, comblée des présents de Charles II. Cela te regarde ; presque une tragédienne ! toi l'ami de M. Racine !

— Je connais son mari, un buveur, un brutal !

— Tu me pousserais avant dans les bonnes grâces de la jeune tragédienne?

—Foi de Cavoie, tu seras bientôt avec elle du dernier mieux ! Je connais Campistron , qui écrit en ce moment une pièce pour elle...

— A merveille... Ah çà ! puisque nous en sommes au plan de bataille, il faut que je te fasse mon rapport; il y a déjà un assiégeant dans la place... Oui, mon cher marquis, nous avons ici un amoureux.

— Un amoureux de la Raisin ?

— Du tout, un amoureux de ma femme.

— Pas possible !

— C'est comme je te le dis.

— Alors, mon cher Soubise... Voyons un peu, laisse-moi deviner. Serait-ce...

— Ne te perds pas en conjectures, c'est tout uniment un jeune provincial, un Breton venu du fin fond de sa ville ou de son château, je ne sais plus trop lequel, et qui a, Dieu me pardonne ! une lettre de recommandation pour toi...

— Et il est ici ?

— Ici depuis trois jours ; c'est grâce à lui que j'ai découvert la retraite de ma femme...

— Et comme Sa Majesté m'a logé à la Bastille, tu le loges, toi, dans le château de M. Luynes ? Voilà de la générosité !

— Écoute donc : notre rencontre a été des plus comiques. Il soupirait dans un des bosquets de Versailles par un froid de dix degrés ; je l'ai emmené ici à tour de roues, et il a rendu à ma femme un portrait dont elle semblait être inquiète... A qui madame de Soubise peut-elle avoir donné un médaillon ?

— Je ne sais, ma foi, répondit Cavoie légèrement embarrassé ; mais ne se peut-il pas qu'elle ne l'ait point donné et que quelque adorateur secret ait trouvé le moyen de la faire peindre ?

— Parbleu ! tu as raison, c'est peut-être cet étourdi de Pomenars, qui a chez lui la collection complète de toutes les belles femmes de la cour ?

— A moins que l'ambassadeur d'Angleterre, M. de Lauzun ou M. de Guiche...

— Arrêtons-nous là : peste ! comme tu y vas !

— Écoute donc, on ne trouve pas tous les jours esprit et beauté, et ce sont là deux fleurons de la couronne princière de madame de Soubise... Le soleil n'empêche pas les planètes de graviter en cercle autour de lui, et ma foi je ne suis pas le seul, mon cher, qui aime ta femme en dépit du roi.

— Silence, marquis, souviens-toi de la Bastille !

— Comment diable veux-tu que je l'oublie ? C'est parce que j'y pense, parce que je vois sans cesse ma fatale libératrice, mademoiselle de Coëtlogon, que je t'ai fait part de mes intentions amoureuses à l'endroit de madame de Soubise ! Ce provincial ne peut me gêner ; quelque petit hobereau de province qui l'adore peut-être sur son portrait, un berger de Segrais avec sa panetière et sa houlette !...

— A te parler vrai, je ne m'en inquiète nullement ; il distraira ma femme pendant le temps forcé de son exil, qui ne saurait être long. Madame de Soubise m'a dit connaître sa famille ; il est de Bretagne, et le père de ma femme en avait le gouvernement, tu le sais... Après tout, du jour où il me déplaira le moins du monde, je le renvoie. Il m'a conté en chemin je ne sais quelle histoire de confession !... Mais j'aperçois d'ici la chaise de madame la princesse, elle aura voulu faire une promenade d'automne dans le parc de M. de Luynes. Notre Breton cause à la portière avec elle...

— En effet, reprit Cavoie en tournant les yeux du côté que Soubise lui indiquait, ce garçon-là me paraît même assez bien tourné... Il faudrait pourtant qu'il ne se mît pas toujours en tiers de la sorte dans les conversations ; cela me déplaît, je le lui dirai.

— Vas-tu lui chercher querelle, d'aventure, pour te faire remettre à la Bastille ?

— J'en aurais envie, ma foi, car ta femme est adorable... Vois donc la jolie main qu'elle étale complaisamment sur le velours de sa chaise ! Elle a fait arrêter devant le perron, comme pour nous donner le temps d'achever cet excellent flacon de Tokai ; à sa santé ! Ah ! si mademoiselle de Coëtlogon avait le quart des attraits que je soupçonne à madame de Soubise !

Sur l'invitation de Cavoie, M. de Soubise remplit son verre ; le colonel du régiment Dauphin poussa l'espagnolette de la fenêtre à travers laquelle tous deux regardaient la chaise. Les porteurs se tenaient respectueusement aux deux côtés.

— A la santé de madame de Soubise ! s'écria Cavoie, le verre en main en se découvrant avec galanterie.

Madame de Soubise détourna la tête, mais presque en même temps il y eut une explosion près de la chaise : c'était un coup de fusil tiré par le Breton sur un ramier qui passait. Régis ramassa l'oiseau et le présenta à la princesse.

— Bien visé, jeune homme ! cria Cavoie ; j'ai fait la guerre en Hollande, et je m'y connais... Vous pouvez maintenant me présenter votre lettre, j'aime les braves !

Il enjamba la fenêtre et se trouva bientôt près de madame de Soubise.

# V

Régis de Kerven rougit, soit qu'il ne crût pas M. de Cavoie si près de lui, soit qu'il ne se souciât pas d'avoir d'autre témoin de son adresse que madame de Soubise. Cependant il tira la lettre de sa poche et la remit sur le perron même à M. le colonel du régiment Dauphin.

La lettre lue, le marquis de Cavoie se répandit bientôt en compliments de tout genre sur la famille du jeune homme : il avait, disait-il, connu son oncle, qui servait dans les chevau-légers de Lorraine ; le marquis de Beringhen, premier écuyer du roi, l'estimait fort.

— C'était un des héros du passage du Rhin, reprit Cavoie, il est mort à côté du marquis de Revel, colonel des cuirassiers. Un vaillant oncle que le vôtre, jeune homme! Seulement il avait le vin d'un triste...

— Et comment cela? reprit M. de Soubise.

— Ma foi je n'en sais rien, mais, quand il me faisait l'honneur de vider quelques flacons avec moi et M. de Bassompierre, sa phrase favorite était celle-ci : « Mon frère, mon pauvre frère! » Nous ne pouvions rien en tirer de plus. Il parlait, je pense, de monsieur votre père mort au service du roi...

— Oui, monsieur le marquis, de mon père... mort au service du roi... Je ne l'ai point connu, malheureusement, mais la baronne de Morlac, ma tante, m'a toujours dit qu'il avait été un brave et loyal gentilhomme...

— Je n'en doute pas... famille de Bretons! A merveille, touchez là, mon cher, et comptez sur moi. Ah çà! votre tante me parle de vous faire entrer au service?

Cette dernière phrase rembrunit le front de Régis, qui regarda à la dérobée madame de Soubise. Elle venait d'entrer dans la galerie des portraits qui précédait la salle à manger, et sur les meubles de laquelle un jour d'hiver envoyait alors des reflets mornes et tristes.

La princesse était vêtue, par caprice sans doute, d'une ample robe d'amazone de couleur orange, surmontée d'une jaquette de soie bleue longue et serrée, comme en portait bien avant ce règne la duchesse de Longueville; sa taille un peu forte semblait mal à l'aise dans cet étui, qui cachait d'ailleurs des bras dont le moule était charmant. En revanche le feutre gris orné de galons posé coquettement sur sa tempe gauche donnait à ses traits je ne sais quoi d'arrêté et de résolu, et le ruban noir moiré qui lui servait de tour de cou, et auquel brillait un diamant de la plus belle eau, faisait ressortir la merveilleuse blancheur de son teint. Un abattement secret, un chagrin caché perçaient dans sa belle physionomie; toutefois on voyait bien qu'elle se ferait dans l'occasion un visage de commande, et qu'en dépit de tout sa fierté ne se démentirait pas.

Le marquis de Cavoie l'observait en homme habitué à sonder la profondeur des choses de cour, il paraissait connaître de longue date madame de Soubise, et avoir fait une étude complète de son caractère. Cette disgrâce dont la princesse portait le poids donnait à son maintien un charme de plus aux yeux du marquis, soit que, comme l'a dit si bien la Rochefoucauld, il y ait dans le malheur de nos meil-

6.

leurs amis quelque chose qui ne nous déplaise pas, soit plutôt qu'à l'aide de cette mauvaise fortune, Cavoie espérât se rapprocher d'une femme qui l'avait jusque-là traité sur le pied d'un indifférent, sans encourager en rien ses hardiesses d'amoureux.

La tactique galante de ce beau siècle se résumait bien plus, on le sait, dans l'art de compromettre que dans celui de séduire ; l'amour consistait plus dans les apparences que dans l'effet ; c'était un commerce poli, correct, dont chaque phrase se trouvait notée à l'avance. Connu dans le monde par des exploits de tout genre, Cavoie unissait à l'humeur chatouilleuse d'un raffiné toutes les préoccupations d'un homme qui veut faire son chemin : les rayons de madame de Soubise, l'une des personnes les plus accomplies de la cour, devaient l'éblouir. Admirablement doué, bien fait, courageux, hardi, il avait traversé avec un bonheur toujours croissant cette première partie de la vie qui forme pour ainsi dire les académies d'un homme de cour ; il n'avait eu qu'à lever la main pour cueillir, et maintenant il ne voulait pas se baisser pour ramasser. Présenté, il y avait dix ans, à M. de Soubise par M. de Seignelay, il n'avait pas eu de peine à conquérir sa place dans la société de la princesse, mais en même temps il avait trouvé entre elle et lui une barrière insurmontable, un nom devant lequel les plus fiers se retiraient. Trop courtisan pour songer à un assaut, trop adroit pour ne pas se conserver des intelligences dans la place, il s'était borné à suivre les phases de ce bel astre, comptant d'ailleurs assez sur l'instabilité ordinaire qui s'attache au règne des favorites. Hâtons-nous de le dire ici : par une de ces exceptions fort rares dans la vie de Louis XIV, ce prince qui se regardait, à tort ou à raison, comme le plus bel homme de son royaume, et qui devenait jaloux du moindre rival galamment tourné, ne le fut jamais de Cavoie; il affectait même de le plaisanter souvent sur des prétentions exclusivement littéraires. La liaison intime du marquis avec Racine lui avait valu ce mot célèbre du roi :

« Cavoie croit devenir bel esprit avec Racine, Racine avec Cavoie se croit un fin courtisan.

Tel était le personnage qui examinait la contenance de madame de Soubise après cette disgrâce dont nous nous ferions scrupule de ne pas dire la cause à nos lecteurs si elle était mieux connue et plus clairement précisée dans les mémoires.

A côté de ce brillant marquis digne en tout

de marcher de pair comme élégance et bravoure avec la fleur de cette cour, les Sévigné ,
les Lauzun, les de Guiche, les Bussy, les Conty,.
les Beringhen , les Nogent , se tenait à moitié
enfoncé dans son fauteuil M. de Soubise, d'a-
bord époux d'une riche veuve qui n'était rien
d'elle ni de son premier mari dont elle n'avait
pas d'enfants, et qui avait donné tout son bien
à M. de Soubise, par contrat de mariage. Ce
bien demeuré à la mort de cette femme à M. de
Soubise , on avait songé dans sa famille à le re-
marier et à en tirer parti : il avait épousé sa
cousine, mademoiselle de Rohan [1].

La pièce où les hôtes de madame de Soubise
se trouvaient réunis et que l'on nommait *la galerie des portraits*, était dans un état d'abandon
assez irrévérencieux, car elle contenait une sé-
rie d'aïeux en costume du temps dont un ban-
quier d'aujourd'hui aurait été heureux de
faire la trouvaille. Selon la méthode usitée
pour l'encadrement dans les grands palais de
Venise et de Rome , chaque portrait se trouvait

---

[1] Saint-Simon dit : « Madame de Chevreuse et madame
de Rohan obtinrent presque en même temps (1643) de faire
madame de Soubise dame du palais, et, une fois à la cour,
sa beauté fit le reste. Le roi ne fut pas longtemps sans en
être épris. » (Saint-Simon, t. III, p. 218.)

incrusté dans la boiserie, ce qui les mettait à l'abri des mains profanes.

Ces tableaux, appartenant tous à la famille de Luynes, unie intimement avec celle de Montbazon par une foule d'alliances successives, provenaient en partie de l'hôtel Chevreuse et de l'hôtel de Guéménée, centres anciens de tous les conseils de la Fronde. Ils représentaient de fort agréables dames, les unes en Diane chasseresse ou en Vénus, d'autres en robe de cour, toutes la bouche en cœur et le sourire sur les lèvres, quoique dans cette triste et fatale maison des Rohan il eût éclaté déjà bien des orages, et qu'à compter du seul Henri de Chabot beaucoup de ces portraits eussent pu se voir couverts d'un crêpe.

En effet, c'était d'abord le portrait de la duchesse douairière de Rohan, la mère inconsolée du jeune Tancrède, cette mère à la prière de laquelle on avait placé sur une pauvre tombe de Genève une inscription en l'honneur de ce fils si cher et si cruellement enlevé; *vidua dolorosa, mater inconsolabilis* [1]. Cette veuve de Henri de Rohan, le grand capitaine, semblait lancer encore, du fond de son cadre, un regard sévère à sa fille, Marguerite de Rohan.

[1] Termes de l'épitaphe.

Celle-ci était peinte avec les honneurs acces-
soires de la poésie et de la prose ; il y avait au-
dessous de son portrait un quatrain de Gom-
bauld et une pensée de Sillon ; elle portait les
cheveux longs et déroulés, un casque à la
Pallas, une lance et une cuirasse à écailles.
A côté d'elle, Henri de Chabot était représenté
en Mars jouant aux hochets. Le terrible chapitre des mémoires de Tallemant intitulé :
*Mesdames de Rohan*, eût paru d'une rare im-
pertinence devant ces portraits hautains, entre lesquels on remarquait encore madame de
Pienne, depuis comtesse de Fiesque, et mademoiselle d'Haucourt, toutes deux sœurs de Henri
de Chabot. Une carte des états de Bretagne et
une autre du gouvernement d'Anjou, dont
Henri de Chabot avait traité, étaient placées au-
dessous de ces cadres, avec les armes de la maison princière de Rohan [1].

Sur le panneau d'en face figurait le prince
de Guémenée, mort duc de Montbazon, et frère
aîné de M. de Soubise, et sa mère, la prin-

---

[1] Suivant l'état de France, le duc de Rohan-Chabot doit
porter écartelé, au premier et dernier, de gueules à neuf
macles d'or, accostées et arboustées, rangées en trois faces,
chacune de trois macles, qui est *Rohan*; au second et troisième d'or, aux trois Chabots de gueules qui est *Chabot*.

cesse de Guémenée, morte duchesse de Montbazon, celle-là même dont M. de Rancé, le
fondateur de la Trappe, fut amoureux, et qu'il
trouva si atrocement mutilée le jour de l'em-
baumement [1].

Un seul cadre se trouvait dans l'ombre ; par
un singulier hasard, c'était celui du chevalier
de Rohan, décapité en 1674.

Le portrait de la belle madame de Soubise,
notre héroïne, manquait seul à cette collection
de MM. de Luynes, qui renfermait en outre
beaucoup d'autres peintures et médaillons de
famille [2]. Une vaste cheminée dans le goût du
temps supportait au fond de cette galerie une
assez belle glace de Venise, devant laquelle la
princesse se tenait alors debout, examinant avec
tristesse l'oiseau que Régis venait de déposer
sur le marbre.

Le silence était profond depuis quelques secondes, et il tenait peut-être à l'aspect sévère
de cette pièce longue et froide, quand madame

---

[1] Saint-Simon.

[2] Au château de MM. de Rohan en Bretagne, tous figu-
rent encore avec la petite mèche de cheveux blancs qui
servit à faire reconnaître Tancrède de Rohan à l'université
de Hollande. (Voyez les *Registres du Parlement* pour son
procès.)

de Rochefort entra, ayant en main une foule de lettres auxquelles il ne manquait plus que le cachet. Elle en donna lecture à voix basse à la princesse.

— Trouvez-vous, ma toute belle, que je sois digne d'être votre secrétaire? Voilà qui est convenu, vous avez la rougeole, une rougeole horrible! Cela fera peur à vos bonnes amies, qui ne manqueraient pas de vouloir vous relancer ici, quand il vous faut le calme et le repos. Voilà une liste des adresses; faites-les écrire par ce jeune homme, qui peut se vanter de m'avoir causé une belle peur, il n'y a qu'un instant, avec son coup de fusil...

Régis s'excusa près de madame la maréchale, et s'assit à une table de Boule placée près de la fenêtre. Il se mit bientôt en devoir de copier la suscription de chaque lettre.

— Une fort jolie main! vois donc, Soubise, dit le marquis de Cavoie au prince; il a un peu de l'écriture de Racine. Aurait-il envie d'être secrétaire de la reine mère?

— Il y en a de plus mal tournés, reprit à demi-voix madame de Rochefort; depuis six jours qu'il est avec nous, il est d'une attention, d'une prévenance...

— Nous verrons à faire quelque chose pour lui, dit Cavoie, sa famille m'est connue; je le lierai avec le petit d'Harrouis, un Breton tapageur qui va déjà très-joliment...

— Une belle éducation que vous lui donnerez là ! M. de Cavoie, consolez donc plutôt notre chère princesse... A peine lui parlez-vous, depuis un quart d'heure !...

Lorsque le marquis s'approcha, la princesse regardait encore le pauvre oiseau ; le duvet de son aile était tacheté de sang.

— Présage de victoire, madame ; c'est ainsi que vous percerez vos ennemis, soyez-en sûre.

Cavoie ajouta plus bas :

— Vous avez un portrait à moi, ne le niez point ; je vous aime, rendez-le-moi.

— Quelle folie ! Ce n'est point moi qui vous l'ai donné ; vous l'avez fait peindre sans mon consentement, je le garde.

— En vertu de quoi ?

— De ce que je vous en propose un autre.

— Lequel ?

— Celui de mademoiselle de Coëtlogon ! Je sais qu'elle est amoureuse de vous plus que vous ne pouvez l'être de moi. L'échange ne vous sourit pas ?

— Madame la princesse, interrompit M. de Soubise, doit être à cette heure pleinement rassurée sur le sort de notre cher marquis ! Il doit rejoindre son régiment à Saint-Germain, et ne peut nous accorder que trois jours. Et puis, tout Paris a hâte de le voir, ce cher Cavoie, après sa sortie de la Bastille ! Je vous prie, madame, de le traiter en ami.

— M. de Cavoie sera toujours le mien, répondit la princesse en lui tendant la main avec une noble confiance ; il ne tient qu'à lui de me prouver qu'il veut me servir : oui, j'ai une grâce à vous demander, marquis.

— Laquelle ?

— C'est, poursuivit madame de Soubise avec émotion et de manière à ne pas éveiller l'attention de Régis, qui continuait à écrire, c'est que vous me promettiez de servir de père à ce jeune homme...

— De servir... de père... à ce... jeune homme ? balbutia Cavoie étonné. Mais je ne demande pas mieux, en vérité... Vous lui portez donc un intérêt...?

— Véritable, profond, continua la princesse devenue pâle subitement ; ma disgrâce, marquis, m'occupe moins que son avenir ; sa vue me trouble, me confond... J'avais besoin de le savoir heureux, et c'est sur vous, cher marquis, que j'ai jeté les yeux. Nul ne nous écoute, madame de Rochefort cause avec M. de Soubise ; pour lui, pour mon protégé, jurez-moi de tout entreprendre...

— Quel ton solennel pour me recommander un provincial !

Et Cavoie murmura tout bas :

— Après cela, il est de toute évidence qu'elle l'aime !

Il reprit bientôt :

— J'aime à voir que vous me faites jouer les rôles de tuteur. Y aurait-il donc plus de six jours que vous connaissez ce jeune homme?

Madame de Soubise ne répondit pas, mais le marquis dut facilement se convaincre que cette seule question réveillait en elle un ressouvenir pénible... La princesse était retombée tout d'un coup dans un morne abattement, et ses beaux yeux bleus voilés de larmes se tournaient vers Régis avec une singulière expression d'intérêt. En vérité on eût dit que cette femme n'avait pas encore aimé, à voir l'honnête et douce rêverie dans laquelle elle venait de tomber vis-à-vis de ce simple jeune homme trop occupé lui-même pour la regarder en ce moment. Madame de Soubise se trouvait subjuguée par une de ces tristesses vives et soudaines qui ressemblent tant à l'amour qu'on s'y méprendrait. Dès l'instant où Régis de Kerven lui avait dit son nom seulement, tous ses sentiments s'étaient trouvés dirigés comme malgré elle vers le Breton avec une sorte de ténacité

douloureuse dont elle ne pouvait se défendre.
Tombé du ciel ou sorti de l'enfer, ce nouvel
hôte occupait toute sa pensée. Il était parvenu
à étourdir la douleur profonde que madame de
Soubise ressentait de sa disgrâce. A la seule
vue de ce jeune homme, la princesse avait
trouvé dans son cœur des anxiétés inconnues,
un remords profond, implacable, que semblaient raviver l'innocence et la jeunesse de
Régis. Encore étonnée, elle le regardait sans
nul doute comme l'accident le plus étrange de
sa vie calme et réglée même au milieu de toutes
les apparences du désordre. De quelle nature
était ce lien si rapide qui les unissait, et pourquoi les larmes de la princesse avaient-elles
coulé la veille, rien qu'à regarder Régis de
Kerven? Madame de Soubise eût pu seule le
dire à Cavoie, mais le colonel du régiment Dauphin, qui avait pour habitude de vouloir tout
deviner et de ne pas croire aux choses vagues,
jugea à propos de décider, devant le tribunal
de son opinion, que Régis était aimé. D'après ce
premier coup d'œil jeté sur cette vie de château
mystérieuse à laquelle madame de Soubise avait
bien voulu se condamner, il jugea que la place
était prise, et qu'il ne lui restait plus qu'à rentrer dans la catégorie des oncles, pères et tu-
teurs, qui tiennent en leurs mains le flambeau

de la prudence pour éclairer la jeunesse. En acceptant ce rôle et en promettant à la princesse de veiller sur son protégé, Cavoie se promit bien d'arracher au provincial ce secret, que madame de Soubise ne lui dévoilerait pas.

# VI

.

Régis avait une énigme bien difficile à péne-
trer, il ne pouvait guère s'expliquer son séjour
dans ce château. M. de Soubise lui-même l'avait
présenté à sa femme, cela était vrai ; mais, à
peine admis dans l'intimité de la princesse, il
était loin de se dissimuler qu'il avait porté dans
son esprit un trouble étrange; il avait produit sur
elle l'effet d'un vrai héros de roman. Cet amour
qu'il ressentait déjà pour sa noble bienfaitrice
lui semblait mêlé de je ne sais quel étonnement
vague, il en mesurait l'abime avec effroi. L'as-

pect de ces vastes jardins dépouillés et mornes, le murmure mélancolique de ces eaux vis-à-vis desquelles il se surprenait souvent à rêver sous la fenêtre de sa noble hôtesse, avant qu'elle descendît le matin, la solitude profonde de ce manoir sombre et ruiné, tout lui donnait le temps de s'examiner lui-même et de sonder les moindres replis de son cœur. Il n'y rencontrait guère que des souvenirs d'enfance pleins de sauvagerie et d'âpreté comme certains sites de la Bretagne, des promenades solitaires à travers les landes ou les rochers, l'image de la vieille tante qui l'avait élevé comme son fils, et tous les instincts impétueux d'un jeune homme qui ne se sent pas à sa place. A part quelques magnifiques couchers du soleil entrevus des vastes hauteurs de Clisson, quelques chansons bretonnes recueillies par lui comme autant de campanules blanches au bord des haies, ses chiens et son cheval qu'il avait laissés à un vieux garde, Régis ne se rappelait avoir rien aimé. La première femme dont le hasard levait si complaisamment le voile devant lui était non-seulement une belle et noble personne, c'était de plus une femme qui savait son nom. Un lien inconnu l'unissait à elle, un lien heureux ou fatal : cet amour avait donc pour lui un double attrait, celui d'une curiosité excessive et d'un entraînement fondé sur la beauté souveraine de son idole.

Dès que M. de Soubise l'avait laissé seul avec sa femme pour partir en courrier, ainsi que nous l'avons vu, à la recherche de Cavoie, le Breton s'était demandé : Que vais-je dire à cette princesse si fière? Vais-je donc être pour elle une distraction de quelques heures? ou bien doit-elle m'apprendre un secret dont elle reste seule dépositaire? Maintenant que je suis seul avec elle, je tremble comme si j'étais coupable! A quelle branche me rattacher, ô mon Dieu ?

Régis de Kerven, si troublé qu'il fût, avait (chose étrange pour lui) rencontré chez la princesse une terreur plus profonde et plus réelle; la conversation, au lieu d'être pour elle un sentier doux et facile, n'était devenue qu'une voie âpre et rude; sa voix seule traduisait assez les angoisses de son âme. Par instants elle le regardait comme une sœur douce et bonne regarde son frère chéri, d'autres fois elle attachait sur lui un œil morne et désespéré. Pour une nature aussi primitive que celle de Régis, il n'y avait dans ces mouvements divers que l'indice d'un intérêt triste et doux; le jeune homme ne soupçonnait pas. Orphelin dès sa naissance, maître de ses actions et de sa vie, il s'était fait lui seul son âme et ses idées; il arrivait à Paris vierge

de toute souillure et de tout contact étranger ;
libre et fier, il ne se fût contraint à la tutelle d'aucun maître. Il ne se rappelait pas que sa vieille
tante, la baronne de Morlac, l'eût jamais entretenu de ses aïeux ; cependant il avait pu voir
aux respects de ses domestiques et aux prévenances de quelques châtelains bretons du village, qu'il était vraiment digne du sang des
Kerven, dont il portait la devise orgueilleuse,
*Haud immemor*, gravée sur une bague qu'il
avait au doigt, une bague que sa tante assurait
venir de son père. Quand Régis pressait la
baronne de lui donner quelques détails sur le
comte Robert de Kerven, son père, madame de
Morlac semblait prendre à tâche de détourner
la conversation ; il y avait même chez elle une
répugnance visible chaque fois que Régis témoignait le désir de savoir au moins en quel pays
son père était mort et le lieu où l'on avait déposé son corps. L'ignorance des gens du pays
avait bien souvent découragé Régis plus encore que le silence de la baronne, mais il respectait ce silence même, parce qu'il devait beaucoup à madame de Morlac. Veuve et délaissée,
cette unique sœur de son père avait pris soin
de lui dès son enfance ; sa lettre au marquis de
Cavoie ne peignait que trop les inquiétudes et
les angoisses que cette séparation lui causait.

Qu'allait-il devenir sur le pavé de cette grande ville, au milieu des indifférents et des seigneurs de cette cour? Il n'avait après tout que le nom de son père, son épée et la protection de M. de Cavoie. La pauvre vieille femme terminait sa lettre en suppliant le marquis de l'appeler à Paris du jour où Régis y courrait un danger réel; sa conscience lui faisant, disait-elle, un devoir de se trouver près du *dernier des Kerven*, dans un semblable moment. Elle ajoutait en post-scriptum qu'elle faisait dire tous les ans deux messes à Clisson, l'une pour son cher Régis, l'autre pour que le Dieu des armées protégeât toujours M. de Cavoie.

— Brave femme! pensa le marquis en se dirigeant vers la petite chambre qu'occupait Régis au château de M. de Luynes, elle ferait bien mieux de prier pour moi le dieu de l'hymen! Quand je songe que cette nuit même je me voyais dans la chapelle de Sa Majesté à Versailles, devant deux carreaux de velours, l'un pour moi, l'autre pour mademoiselle de Coëtlogon!... Allons, Cavoie, une bonne action, mon cher; en attendant que je sois marié, servons de père à ce digne jeune homme! Qui sait? peut-être le ciel m'en tiendra compte et fera trouver à mademoiselle de Coëtlogon un autre mari que moi.

Lorsque le marquis entra, il trouva Régis le front appuyé dans ses deux mains; le jeune homme repassait peut-être en lui-même chacun des événements bizarres dont il se trouvait l'acteur depuis son arrivée, quand il se sentit frapper familièrement sur l'épaule par le colonel du régiment Dauphin. Il se retourna, et parut surpris de voir Cavoie botté et éperonné comme s'il allait monter à cheval.

— C'est le dernier jour que je dois passer dans votre compagnie, mon jeune ami. Nous avons à causer; je vous demande seulement pardon d'interrompre vos réflexions. Faisiez-vous par hasard un sonnet ou un poëme à votre belle?

Régis se troubla, et répondit en baissant les yeux :

— Personne ne m'a jamais aimé, monsieur le marquis.

— Comment donc? pas même en Bretagne? Voilà un vrai cadeau que vous allez faire à nos dames de cour, un cœur tout neuf!

— Je désire, monsieur le marquis, me rendre digne de l'intérêt que vous me témoignez, dit Régis ému de se trouver devant un homme aussi renommé par sa bravoure que Cavoie. Je suis le seul de ma famille, mon oncle et mon père étaient au service.

— Et voilà des titres que nous ferons valoir,
soyez-en sûr ! J'ai seulement du regret de vous
donner une mauvaise nouvelle ; nous sommes
en pleine paix. C'est dommage, il n'est rien de
tel que la tranchée pour former un brave. Les
balles de mousquet eussent été pour vous des
pastilles ou des œufs parfumés ; qui sait même ?
vous arriviez au bâton de maréchal de France !

— Monsieur le marquis, répondit le jeune
homme en souriant, je ne vise pas si haut ;
que la fortune m'offre seulement l'occasion de
me distinguer, et j'en profiterai avec honneur.

— Bien parlé, jeune homme ; vous ferez
comme votre oncle. Dès la première campagne
il eut une compagnie de cavalerie. Mais parlons
d'un chapitre plus intéressant que la guerre ;
vous êtes amoureux... ne le niez pas !

— Monsieur le marquis...

— Écoutez donc, vous avez devant vous un
soldat qui a fait aussi ces sortes de campagnes !
Vous êtes bien tourné ; vous tuez les oiseaux à
merveille, et vous ramassez les médaillons qui
tombent des poches.

— Je ne puis comprendre...

— Que ce médaillon trouvé par vous m'ap-
partienne ? rien de plus simple. Il est bon de
vous dire que je suis le soupirant déclaré de la
belle madame de Soubise ; je l'avais fait peindre

à son insu, et cela, par la sambleu! m'a coûté cher, une miniature de Coypel, rien que cela!

— Vous aimez madame de Soubise?

— Certainement, et je viens en ami vous donner un bon conseil : n'y songez pas.

— On doit se retirer devant monsieur le marquis de Cavoie, dit le jeune homme avec une singulière expression de fierté qui déconcerta un instant Cavoie lui-même ; par malheur, j'ai une conversation indispensable à demander à madame la princesse ; de cette conversation dépend mon avenir, ma vie...

— Votre avenir! s'écria Cavoie étonné... Peste! continua-t-il à part, je ne le croyais pas si épris, et peut-être si avancé! Ainsi, jeune homme, vous refusez de me suivre?

— Écoutez, M. de Cavoie, reprit le provincial en s'animant par degrés, je ne vous suivrai qu'à cette condition.

Régis avait prononcé ces paroles d'un air si brusque et si décidé, que, malgré lui et pour la première fois peut-être, le marquis se sentit ému d'un intérêt subit et profond pour le jeune homme. Évidemment il se passait dans Régis un de ces combats intérieurs qui brisent les forces des plus résolus; sa poitrine était oppressée, et de grosses larmes se faisaient jour dans ses yeux. Si naïf que lui parût cet amour, Cavoie songea

sans doute qu'il avait passé autrefois par de
telles épreuves, car il tendit sa main au Breton
et lui dit qu'il l'attendrait près de la petite porte
du parc.

— Je n'en vais pas moins faire seller nos
deux chevaux, poursuivit-il ; tâchez, mon cher,
que votre entretien ne soit pas trop long. Les
amoureux s'oublient volontiers, et j'aurais envie,
par la sambleu ! de me placer en sentinelle à
la porte de cette chambre.

— Je ne vous demande qu'une demi-heure,
monsieur le marquis.

— Cela veut dire une heure, répondit Cavoie ; à votre aise, mon cher, je vous ai prévenu, agissez près de madame la princesse
comme vous l'entendrez.

Le pauvre garçon ! pensa-t-il, il a pris l'a-
mour au sérieux, parole d'honneur !

Cavoie siffla un air et se dirigea négligemment vers les communs du château. Pendant
ce temps, Régis, qui hâtait le pas, prenait le
chemin des appartements de madame de Soubise.

Il y a dans toute résolution soudaine un courage dont rien ne saurait donner l'idée. Le
jeune homme ne comprenait que trop de quelle
importance était pour lui cette entrevue qu'il
n'avait pas même demandée. Il trouva la prin-

cesse agenouillée sur un coussin de velours, devant un prie-Dieu; en ce lieu des voix non moins tristes avaient peut-être demandé avant elle des consolations à celui qui ranime les cœurs souffrants. La beauté de madame de Soubise se relevait alors de toute l'expression de sa douleur; elle aussi se trouvait dans un trouble inexprimable.

Elle parut moins surprise qu'affligée de la démarche de Régis, et, quittant le livre d'heures où ses yeux demeuraient encore attachés lorsqu'il entra :

— Mon Dieu! s'écria-t-elle, qui peut me valoir cette visite? partiriez-vous donc déjà, et M. de Cavoie?...

— M. de Cavoie m'a tout dit, madame, répondit Régis d'une voix tremblante, je sais qu'il vous aime, je sais que je suis un insensé...

— Un insensé, vous! et pourquoi?

— Parce que, depuis le jour où j'ai mis le pied dans ce château, j'ai osé me dire que votre douleur, vos larmes, vos secrets peut-être... m'appartenaient; que du moment où mon nom ne vous était pas inconnu, j'avais peut-être des droits à vous protéger ou à mourir pour votre cause. Je ne veux pas, madame, vous parler de mon amour, je ne veux que me jeter à vos pieds et vous montrer à quel point je me repens de mon imprudence.

— De votre imprudence, enfant !

— Oui, j'aurais pu renvoyer ce portrait par un messager, j'aurais pu... mais pardonnez-moi, il y a entre nous un mystère que je tiens à éclaircir, il y a dans ma rencontre fortuite avec vous une énigme dont vous devez déchirer le voile. Demain, j'y suis résolu, j'aurai quitté la paix de ce château pour le tumulte d'un camp, demain vous ne serez plus pour moi qu'une mémoire aimée ou un souvenir plein de trouble. Soyez généreuse, apprenez-moi vous-même comment je pouvais encore, moi si modeste et si pauvre, occuper hier une seule ligne dans ces paroles qui ne devaient être entendues que de Dieu seul ?

Madame de Soubise regarda le jeune homme avec l'expression d'une invincible terreur, et s'adressant à lui d'un ton plein d'alarme et de douceur tout ensemble :

— Vous êtes né en Bretagne, n'est-ce pas, près du château de...

— Près du château de Clisson, se hâta de répondre Régis. Je crois vous l'avoir dit, madame la princesse, je n'y ai jamais entendu parler de ma famille. Ma tante est une pieuse et sainte personne, mais j'ai plus d'une fois

maudit sa discrétion étrange à mon égard. Par
moments, vous l'avouerai-je ici, je tremble
qu'il n'y ait eu sur les auteurs de mes jours je
ne sais quelle sombre et lugubre histoire; je ne
me souviens pas d'avoir reçu leurs caresses,
jamais je n'ai vu à mon chevet d'enfant reluire
une épée de gentilhomme, celle que mon père
a dû porter avec honneur.

— Avec honneur... oui... reprit-elle à son
tour comme subjuguée par les larmes qui débordaient des yeux du Breton, car Régis pleurait, et dans ce regard jeté en arrière, dans ce
regret profond de n'avoir pas même un ami, il
venait de rencontrer une nouvelle source de
douleur.

— Vous l'avez donc connu? murmura-t-il,
stupéfait à son tour des derniers mots que madame de Soubise avait laissés échapper, vous
auriez vu mon père? Oh! madame, je savais
bien que le peu de bonheur qui m'attendait me
viendrait de vous!...

— Oui, je l'ai connu, dit-elle dans un morne
et sombre abattement, oui, un jour, bientôt...
nous pourrons tous deux parler de lui. Mais
avant cela, Régis, il faut que vous soyez heureux; il faut qu'on m'ait donné à moi-même la
permission de tout vous apprendre. Je ne m'ap-
partiens pas, enfant, je suis aux miens, et

j'outragerais moi-même la mémoire de mon père si devant ce Dieu qui nous écoute je venais vous parler du vôtre...

— Je ne puis comprendre...

— Qu'il y ait dans la vie d'une personne qui vous aime un secret que vous ne puissiez pénétrer, n'est-ce pas? Contentez-vous de savoir que jamais amour n'aura été plus tendre et plus sûr que celui que je vous tiens en réserve. Régis, je vous aime comme si vous étiez mon fils ; je veux remplacer pour vous cette mère que vous n'avez pas connue. Hélas! j'ai connu la mienne, ô mon Dieu! moi qui vous parle, je sais par quelles fautes et par quels remords implacables elle a passé! C'est un terrible legs que cette mémoire, Régis, et si je ne vous parle point de mon père...

Les yeux de la princesse s'étaient involontairement fixés sur l'un des portraits de cette salle... celui de Henri de Chabot. Il y portait le bâton de commandement, et on lisait au bas : « Henri de Chabot, duc de Rohan, gouverneur aux états de Bretagne. »

Devant la figure retracée sur cette toile, madame de Soubise paraissait en proie à une foule de mouvements intraduisibles pour Régis, elle semblait tour à tour éviter ou braver le regard de ce portrait. Une pensée amère, un souvenir plus aigu mille fois que la lame d'un poignard, remuait son cœur ; elle reportait tour à tour son attention sur le jeune homme et sur le héros terrible du cadre ; vaincue sans doute à la fin de cet examen par la douleur ou par le remords, elle se laissa tomber au pied d'une image de la Vierge suspendue au-dessus de son prie-Dieu, et joignant les mains dans un égarement difficile à rendre :

— Veillez sur lui, mon Dieu, s'écria-t-elle, veillez sur lui ; vous savez en quelle circonstance je l'ai promis à sa mère !

— A ma mère ? balbutia Régis pâle de surprise, oh ! vous en savez plus sur ma famille que moi qui vous parle ici ! Par pitié, madame la princesse, ne me cachez rien, et à moins que vous ne me croyiez indigne de recevoir de vous une révélation...

— Oh ! ce n'est qu'à Dieu, ce n'est qu'à Dieu seul !... Jamais, non jamais, Régis, je n'aurais ce triste courage. Oubliez mes paroles, oubliez-moi, ou plutôt laissez-moi veiller sur vous de loin comme de près, laissez-moi racheter par mon amour...

— Votre amour, avez-vous dit, madame ? et que ne saurait-il donc racheter ? Grâce au ciel, dans tout ce que vous m'avez laissé entrevoir, nulle barrière ne s'élève du moins entre nous

deux, nulle, excepté celle du rang et de la
fortune... Laissez-moi me dire votre serviteur,
votre esclave... Hélas ! je le sens bien, la meilleure portion de mon cœur reste ici, je vous
regarde et vous écoute sans respirer. Vous êtes
désormais sacrée pour moi, j'entrevois un jour
où vous me rappellerez peut-être auprès de
vous... Alors ce ne sera plus l'humble Breton
qui vous parlera, ce sera un homme digne de
vous et du nom qu'il porte, car vous m'aurez
appris l'ambition ; je vivrai et je mourrai
comme mon père.

— Comme votre père ! murmura-t-elle d'une
voix altérée.

Elle regarda Régis de l'air effaré dont on
regarde un fantôme.

— Et si cette entrevue, reprit-elle, devait
être la dernière, si, en frappant un jour aux
portes du château, vous ne deviez plus me retrouver ?

— Votre existence, je le sais, est semée pour
moi d'ombres et de mystères, reprit le jeune
homme ; je ne vous connais que depuis peu,
madame, et j'entends parler ici devant moi de
cour, de disgrâce et de retraite. Vous aurez
peut-être déplu au roi, vous si bonne et si belle,
vous injustement accusée, enviée de toutes, je
gage !... Je ne connais pas vos torts envers Sa

Majesté, mais votre innocence ne saurait etre
un doute pour moi...

L'air de touchante simplicité avec lequel
Régis prononça ces paroles fit passer un éclair
d'inquiétude sur le front de madame de Soubise. Elle craignait sans doute, sans trop pouvoir
expliquer les motifs de cette crainte, que Régis
n'eût déjà pénétré, à son tour, un secret plus
facile à deviner que celui qu'elle lui cachait :
l'amour du roi. La candeur du jeune homme la
rassura, et elle éprouva une sorte d'orgueil à le
voir si peu instruit de ce que tout le monde
savait.

— M. de Cavoie ne vous a-t-il donc rien dit ?
reprit-elle en le regardant.

— Il m'a dit, madame, que je ne devais pas
songer à vous, et qu'il espérait vous faire agréer
pour lui-même l'amour dont il s'était interdit
de vous parler. M. de Cavoie est marquis, et je
ne suis qu'un pauvre gentilhomme.

La princesse sourit, mais soit qu'elle eût à
cœur de laisser Régis dans la persuasion où il
était de cet amour, pour donner le change à
ses idées sur elle, soit qu'elle n'attachât aucune
importance à ces paroles, elle se hâta de répondre :

— M. de Cavoie est un homme sûr et loyal à
qui vous pouvez vous ouvrir en tout ; suivez ses

conseils, et je ne doute pas qu'il ne vous pousse à la cour et aux emplois.

Ces derniers mots furent dits avec une apparence de sécheresse qui était loin de l'âme de madame de Soubise, mais qui rallumèrent tous les soupçons du jeune homme.

— Je n'ai point encore assez de courage, reprit-il, pour suivre à l'armée un rival dont la seule présence m'est odieuse. C'en est fait, madame, je renonce à partir avec M. de Cavoie. Avec l'aide du ciel, je saurai me faire d'autres protecteurs ; excusez ma franchise de Breton, mais je vous aime trop pour affronter ainsi un supplice de tous les jours.

Devant l'emportement d'un pareil aveu, que pouvait seule adoucir l'extrême tristesse de celui qui parlait, madame de Soubise parut réfléchir un instant ; puis, comprenant la souffrance de cette âme jeune et naïve, elle en eut pitié et dit à Régis :

— Et si je n'aimais pas M. de Cavoie, partiriez-vous ?

Pour toute réponse, le Breton s'agenouilla et porta à ses lèvres la main que lui tendit la princesse. Il la regardait et ne doutait pas ; elle de son côté ne pouvait s'empêcher de lui sourire à travers son découragement et sa tristesse. La vue de ce jeune homme semblait avoir le pouvoir de la dégager de tout lien, devant lui s'effaçait la douleur de sa disgrâce, cette douleur plus poignante mille fois pour une femme que toute douleur d'amour.

En ce moment des pas de chevaux retentirent sous les murs du parc, Régis pâlit et il s'appuya sur le prie-Dieu.

— Nous allons donc nous quitter! reprit-elle avec une indicible amertume. Hélas! poursuivit-elle, le consolateur que j'ai choisi, mon cher Régis, vaut mieux que M. de Cavoie...

Il tressaillit et la regarda d'un air étonné.

— C'est Dieu, répliqua-t-elle, oui, c'est Dieu que j'ai choisi. Nous prenons, Régis, deux chemins bien différents ; vous suivez M. de Cavoie à Saint-Germain ; moi, je me retire aux Grandes-Carmélites !

Il y eut entre eux un silence qui dura quelques secondes ; les yeux de madame de Soubise étaient mouillés de ces larmes que les anges du ciel ramassent comme autant de perles, elle avait fait à Dieu le sacrifice de sa beauté et de sa vie. Placée entre cet écueil qu'on nomme le désespoir, et l'amour d'un enfant que tout lui faisait une loi de fuir, elle n'avait point hésité. Ce n'était plus une agitation fébrile qui la dominait, elle avait mis sa volonté, son cœur, aux mains de la Providence.

Régis la contemplait dans une stupeur immobile. Accablé, haletant sous tant d'émotions successives, il se laissa bientôt entrainer par Cavoie, que l'ennui de sa faction forcée conduisit enfin dans l'oratoire de madame de Soubise. Le marquis ne parut pas moins surpris que Régis de la détermination subite de la princesse; puis, reprenant bientôt sa gaieté habituelle, après avoir fait ses adieux à madame de Soubise:

— Elle va aux Carmélites? dit-il à Régis en visitant la sangle de son cheval. Par Dieu! mon cher, nous irons aussi au premier jour; Sa Majesté n'y a-t-elle pas visité madame de la Vallière?

# VII

Trois semaines s'étaient écoulées depuis le départ de Régis, et le jeune Breton avait endossé l'uniforme du régiment Dauphin.

Ce matin-là, sur la demi-lune du château de Saint-Germain, où se tenait alors la cour, fort préoccupée des noces de la princesse de Conti et du prochain mariage de la Dauphine, un carrosse de forme assez compacte déboucha par l'une des grilles principales.

Deux femmes en descendirent bientôt ; l'une était une personne d'une quarantaine d'années, dont la toilette au premier abord sentait quel-

que peu le renfermé du Marais et la morgue
habituelle aux présidentes ; elle portait les
immenses coiffes à pointes plissées, dont s'enor-
gueillit le front de madame Pernelle dans la
comédie de Molière, les grandes poches et les
hauts talons. Deux vieux laquais lui tenaient la
queue, et à sa seule manière de jouer de l'éventail, à la largeur de sa mouche, comme à la
pose carrée de son rouge, on pouvait voir
qu'elle avait dû se frotter dans son beau temps
à la fine fleur de la cour.

L'autre était une jeune et belle personne aux
cheveux d'un blond cendré, au corsage délié,
aux formes sveltes et légèrement robustes ; la
seule blancheur de son teint et l'azur limpide
de ses beaux yeux faisaient deviner vite une
Bretonne. Un air d'abattement se peignait
cependant sur ses traits ; elle paraissait chercher
avec inquiétude un visage ami parmi tous les
visages indifférents qu'elle rencontrait. Toutes
deux venaient de descendre sur la demi-lune
au milieu des chuchotements de la foule,
quand la dame fit demander par un de ses
laquais à un porteur de chaise qui guettait
pratique en cet endroit la chambre de M. le
marquis de Cavoie.

— Il n'est pas chez lui, madame, reprit
le porteur ; mais il ne peut tarder à ren-

trer... Il est allé faire sa promenade ordinaire avec M. Régis de Kerven, son protégé... un jeune cadet charmant...

Au nom de Régis, la jeune demoiselle rougit ; elle suivit toutefois avec assez de résolution la dame son amie à travers les détours d'un long corridor que leur indiqua le porteur dans le bâtiment des casernes.

— Le nom de ces dames ? demanda un valet de pied placé près de la porte n° 1. M. de Cavoie m'a donné l'ordre...

Et en même temps il déploya une fort belle liste.

— Madame Cornuel, reprit la dame, c'est mon nom. Il doit se souvenir de moi, ce cher colonel ! Je lui ai fait danser autrefois *la Diablesse* et *Grand Guenippe !* Il était fort honoré de jouer chez nous au *Gage Touché* et à *Votre Place me plaît*, du temps de feu mon mari...

Le valet s'inclina respectueusement et fit voir à madame Cornuel qu'elle était comprise en réalité sur la liste des personnes que M. de Cavoie voulait bien recevoir. Cette certitude acquise, madame Cornuel entra, s'assit sur un pliant de la chambre et s'éventa avec une dignité magnifique, en considérant avec ses petits yeux gris et malins l'endroit où elle se trouvait.

— Peste ! s'écria-t-elle en apercevant le repas du matin qui était dressé pour M. de Cavoie, le marquis se traite bien. Il me rappelle Genlis, ce garçon si bien fait et que j'ai eu le malheur de distinguer autrefois... Quel mangeur ! quel estomac ! J'imagine que l'on nous retiendra ici pour déjeuner...

— Oubliez-vous, ma chère madame Cornuel, que vous devez vous-même recevoir chez vous à dîner aujourd'hui mademoiselle de Coëtlogon ? Ah ! si elle avait pu nous suivre, cette excellente Blanche ! Mais elle est en ce moment à Paris occupée à faire ses dévotions...

— Elle m'a remis ses pleins pouvoirs pour chapitrer le marquis, comme vous les vôtres pour votre M. Régis. Quelque petit provincial, sans éducation et sans tournure ; il me semble le voir ! Mais les souvenirs d'enfance, la Bretagne, que sais-je ? Vous en êtes éprise au point de refuser sottement un parti superbe.

— Un homme qui me déplaît rien qu'à le voir...

— Qu'est-ce que cela fait ? Une fois mariée, est-ce que l'on voit son mari ? Vous n'aviez pas d'autre amie que moi chez qui venir à votre descente du coche, continua madame Cornuel, et pour mademoiselle de Coëtlogon...

— Elle n'eût pu me recevoir, c'est vrai... Je

suis orpheline, et mon tuteur, le marquis de Parmes, qui vit en loup dans les Ardennes, a cru devoir me recommander à vous. Je suis loin de m'en plaindre : vous êtes si bonne et si indulgente pour moi !

— Indulgente ! c'est vrai, je devrais être plus sévère. Comment ! depuis quatre mois que vous habitez ma maison, qui est, j'ose le dire, le rendez-vous des plus huppés de la cour, refuser obstinément tous les partis, ne vouloir pas même vous laisser présenter au roi !

— Le roi, ma chère madame Cornuel ! mais apprenez donc que c'est précisément de lui que j'ai peur. N'ai-je pas le malheur d'avoir une grande fortune ? et ne sais-je pas bien du marquis de Parmes, mon tuteur, que c'est Sa Majesté elle-même qui s'est chargée de me donner un mari ? Hélas ! c'est chose convenue entre mon tuteur et elle...

— Moyen naturel de faire sa cour à Louis XIV, cela est vrai ; M. de Parmes, en vieux courtisan, a su l'employer. Mais pourquoi repousser les offres du baron Narcisse d'Éterville, un cavalier accompli, un homme qui ne peut manquer d'obtenir l'assentiment de Sa Majesté ?... Il a lui-même de grands biens, et pour sa bravoure...

— Elle n'est point heureuse, ma chère madame Cornuel, dit tout d'un coup le colonel du régiment Dauphin, en soulevant une tapisserie de sa chambre ; vous a-t-il fait voir certaine égratignure ?

— Il ne nous en a rien dit, marquis, répondit madame Cornuel en se dressant sur ses hauts talons. Vous nous écoutiez ! c'est mal.

— Nous sommes encore en paix, reprit Cavoie, ne nous brouillons pas, ma chère madame Cornuel ; votre main, votre belle main !

Madame Cornuel présenta sa main au marquis de Cavoie, qui déposa sur elle le plus galant des baisers, en débouclant son ceinturon. Il était suivi de Régis, qui portait l'uniforme coquet de son régiment, l'habit à parements bleus et à doublure rouge, le buffle et la culotte chamois, les boutons blancs et le chapeau à galon d'argent orné d'une large cocarde. Le jeune Breton descendait de cheval, et tenait en main sa cravache à lourd pommeau d'or.

— Je vous présente un nouvel ami, madame Cornuel, dit Cavoie, un enfant de Mars qui sera bientôt un César... Mais quelle est cette belle personne que me cachait presque tout à l'heure l'ampleur de vos poches ? Ce ne peut être l'une de vos deux demoiselles [1] ...

_______

[1] Madame Cornuel, femme d'un frère du président Cor-

— C'est mademoiselle Berthe de Pontareuc, monsieur le marquis, une amie intime de mademoiselle Blanche de Coëtlogon.

Ce dernier nom fit passer un léger nuage sur le front de Cavoie, mais il demeura frappé de la beauté singulière de mademoiselle Berthe de Pontareuc. Pour elle, toute son attention appartenait alors à Régis; elle s'était placée devant lui dans tout l'abandon d'une coquetterie enfantine, et semblait lui dire : Regardez-moi.

Et en vérité, à part son immense fortune, que Régis ne soupçonnait même pas alors, puisqu'il l'avait laissée près de Nantes sous la tutelle obscure d'un vieil intendant de M. de Parmes, mademoiselle Berthe avait de quoi fixer les regards.

C'était un de ces visages où le cœur se lit à découvert et d'un seul coup, une nature vive et pleine d'élan, dédaigneuse à l'avance du bruit et de la louange, prompte à se moquer des gens qui lui déplaisaient, mais aussi prête à s'offrir à l'homme qui lui eût paru la mériter et l'aimer. Le regard de cette beauté n'avait

nuel, fut très-célèbre par ses galanteries, au dire de Tallemant, et par ses bons mots, au dire de madame de Sévigné. Elle avait chez elle deux filles d'un lit précédent, à l'esprit desquelles il est fait allusion dans une épître de la Ménardière à mademoiselle de Vandy.

rien de rude ni de hardi, mais il n'affectait pas non plus la modestie souvent menteuse des jeunes filles ; celle-ci avait la conscience de sa valeur et de son prix. Jeune encore, elle avait partagé les premières impressions de Régis, et elle s'attendait à retrouver chez le Breton ces mêmes sympathies auxquelles son âme s'abandonnait avec délices. A la seule vue de Régis, elle ressentit vite un mouvement d'orgueil fondé sur la condition modeste du jeune gentilhomme ; elle aussi pouvait aller au-devant de lui et lui tendre la main sans le faire rougir. Régis avait la beauté qui présage le mérite, mais il avait de plus sur tous ses traits cet air de découragement et de tristesse qui plaît aux femmes vraiment nobles, et mademoiselle de Pontareuc lui sut gré intérieurement de cet air-là.

Tous deux échangèrent bientôt quelques paroles à voix basse, Régis plus embarrassé que Berthe, parce qu'il sentait peut-être que son cœur était trop plein depuis quelques jours pour y admettre une autre pensée ; Berthe empressée, naïve, et ne soupçonnant même pas ce qui s'était passé depuis son départ de Bretagne.

— Je savais, dit-elle, par la baronne de Morlac, que vous deviez venir ici prendre du service, monsieur Régis. Vous trouvez-vous heureux avec M. de Cavoie ?

— Il faudrait, ma foi, qu'il fût difficile, se hâta de répondre le marquis ; il a fort bonne mine sous le harnois, chacun le trouve charmant, il monte à cheval, fait des armes et partage chaque exercice de ma journée... sans compter ma table, table assez bonne, comme vous pourrez en juger, mesdames, si vous me faites l'honneur de vous asseoir à mon couvert. Tout nous vient de Paris, et nous faisons partie de la bouche du roi. Allons, Charlemagne, cria le marquis au valet de pied, place deux couverts de plus. mon garçon, ces dames nous font l'honneur de tâter de la cuisine du régiment.

— Monsieur le marquis est toujours aussi galant que d'habitude, répondit madame Cornuel ; je lui ferai seulement observer que je suis venue ici en ambassadrice...

— Ambassadrice ! et de qui ?

— Mais de mademoiselle de Coëtlogon.

— Mademoiselle de Coëtlogon, ma libératrice ? Et que ne vous a-t-elle suivie ! reprit Cavoie en feignant tous les transports d'un amoureux. Je l'eusse promenée, ainsi que vous, par tout le camp ; et, tenez, le roi doit précisément venir dimanche passer la revue.

— Mademoiselle Blanche de Coëtlogon, continua madame Cornuel en cherchant à donner à sa voix un ton de dignité officielle qui fit trembler Cavoie comme la feuille, m'a chargée de savoir si vous vouliez lui faire l'honneur de danser un pas avec elle aux fêtes de Saint-Germain ; elle compte y porter un habit magnifique ; Pécour lui donne des leçons, et comme vous êtes le premier danseur avec MM. de Villeroy et Lauzun...

— Assurément, reprit le marquis embarrassé, ce m'est là un grand honneur, ma chère madame Cornuel ; mais je crains que mon dernier duel ne m'ait mis assez mal avec Sa Majesté...

— Elle prend sur elle d'aplanir tous les obstacles.

— Cependant mon service...

— Elle parlera à Sa Majesté.

— Eh bien ! soit, dit Cavoie, je danserai, j'apprendrai même un pas nouveau... Au fait, reprit-il à part, je lui dois bien cela, après ce qu'elle a fait pour moi ! Mais mademoiselle ne mange pas, reprit le marquis en fixant Berthe. Aurait-elle aussi un danseur à retenir pour le ballet de Sa Majesté ? C'est la mode à cette heure que ces dames nous invitent.

En effet, devant la collation qu'on venait de servir et à laquelle madame Cornuel faisait grand honneur, mademoiselle de Pontareuc parais sait depuis quelques secondes rêveuse et triste. Cherchant à surprendre dans les yeux de Régis l'état de son cœur, elle ne prêtait guère d'attention au dialogue établi entre le marquis et madame Cornuel, lorsque tout d'un coup un petit livre à fermoir d'émail, fort galamment ouvragé, tomba des poches énormes de celle-ci, dans le mouvement qu'elle se donnait pour découper elle-même une aile de perdreau.

— Qu'est ceci? dit le marquis, en ramassant le livre, *les Métamorphoses d'Orante en miroir*. Ah! c'est un conte de Perrault.

— Et un présent du baron d'Éterville, se hâta de répondre madame Cornuel. Ce cher baron, il est d'une galanterie exquise ; c'est à mademoiselle Berthe de Pontareuc qu'il a fait hier ce cadeau.

— Et je n'ai pas voulu l'accepter, reprit Berthe en regardant Régis ; je le déteste.

— Un cadeau du d'Éterville ! s'écria Cavoie d'un ton railleur. Au fait le Normand ignore que je vais parfois chez vous, ma chère madame Cornuel, entendre les bons mots et les nouvelles de votre cercle. Il veut donc un autre coup d'épée, votre M. Narcisse d'Éterville ?

— C'est à tort vraiment que vous lui en voulez, cher marquis. Le baron est un cavalier précieux pour les tabacs qu'il a toujours en sa tabatière, et vous savez si j'ai recours au tabac, reprit madame Cornuel en fourrant ses doigts dans sa boîte. Voulez-vous du *couasse?* il a une grivoise pour en râper sur-le-champ. De l'*espagnol?* il est dans une boîte d'ivoire. Du *malte,* du *pongibon?* il en a et il vous en donne. Et puis, vous le dirai-je? c'est un grand homme d'exercices.

— Sur l'épée je ne crois pas.

— Parce que vous l'avez blessé! Écoutez donc, être blessé par Cavoie, c'est un honneur! Vous lui entendrez dire qu'il est un des forts écoliers de le Perche; que dans l'académie de Longpré on ne parle que de lui, et qu'enfin il a les meilleurs maîtres de musique à la basse de viole...

— Et c'est là le mari que vous vous ingérez de choisir pour mademoiselle! Je jure Dieu si je le rencontre de lui couper les moustaches, comme Dalila coupa les cheveux de Samson... Un fanfaron, un ennemi de Racine qui m'a fait tenir un mois les arrêts forcés à la Bastille!

— Oh! rassurez-vous : puisque vous le détestez et que notre chère Berthe partage votre aversion, reprit madame Cornuel chez qui la malice n'étouffait pas le cœur, je vous promets de l'éconduire bel et bien. Il y a quelqu'un ici, continua-t-elle en regardant Régis, que cette promesse doit flatter...

— A la bonne heure, dit Cavoie, je reconnais en vous cette fois la *bonne amie* de notre bon la Fontaine, celle qui a dit de mon cher ami Soubise : Les cornes sont comme les dents, elles font du mal à percer ; après, on en rit [1].

Cette saillie un peu verte du colonel et le nom qui venait d'être prononcé arrachèrent Régis à la contemplation silencieuse où le plongeait la vue de mademoiselle Berthe de Pontareuc. Assis auprès d'elle à cette table, il venait de se voir reporté comme malgré lui vers ces premiers temps passés dans le château de sa tante, au sein de cette Bretagne qui formait un cadre si bien assorti avec la sauvagerie de ses pensées. La baronne de Morlac avait toujours témoigné une prédilection singulière pour Berthe, et, de l'aveu de mademoiselle de Pontareuc elle-même, une correspondance assez suivie n'avait pas tardé à s'établir entre elles deux.

[1] Madame Cornuel était la grande faiseuse de mots du temps de madame de Sévigné ; aussi trouve-t-on dans les lettres de cette dernière, ainsi que dans les mémoires de Tallemant des Réaux, beaucoup de reparties curieuses de cette femme, qui ne se piquait pourtant pas de donner dans le bel esprit.

— La santé de votre pauvre tante se ressent beaucoup de votre absence, dit-elle au jeune homme en baissant la voix et en prenant son bras après avoir quitté la table, mais votre silence l'inquiète plus encore. Pourquoi ne lui avoir point écrit, Régis, depuis votre arrivée à Paris? Et moi-même, comment se fait-il que vous n'ayez point cherché à me voir? La maison de madame Cornuel est la vôtre du jour où j'y ai posé le pied. Auriez-vous donc au cœur une autre pensée et un autre amour? Je tremble que déjà...

— Régis eût voulu rassurer Berthe, mais il ne savait pas mentir; il se défendit mal et se rejeta sur la pauvreté de ses ressources. Qu'était-il, après tout, sinon un jeune homme sans avenir et sans fortune? Elle ne devait pas manquer de poursuivants plus beaux et plus nobles; son tuteur, le marquis de Parmes, ne le connaissait même pas. Berthe lui apprit alors que sa tutelle ne lui appartenait plus, qu'un tuteur plus auguste devait lui choisir un époux, qu'elle ne faisait du reste aucun doute que la protection de M. de Cavoie ne le poussât bien vite dans les bonnes grâces de Sa Majesté.

Le jeune homme l'écoutait, mais sans partager en rien l'enivrement auquel Berthe s'abandonnait avec confiance. Cet amour calme et pur, opposé à l'agitation qu'il ressentait depuis quelques jours, formait un contraste trop brusque pour lui, son âme ardente n'en pouvait encore apprécier le charme et le repos. Nous l'avons dit déjà, pour cette organisation âpre et fougueuse, Berthe de Pontareuc était une fleur trop douce et trop rare, une de ces fleurs élues dont le parfum chaste n'a de saveur qu'après l'orage. Il ne fallut pas un long examen à la jeune fille pour s'assurer qu'une autre image que la sienne occupait le cœur de Régis ; sa froideur et sa distraction ne révélaient que trop le trouble de ses idées. Le marquis de Cavoie marchait encore derrière eux en faisant observer à madame Cornuel l'excellente tenue des troupes du roi, lorsqu'un coureur richement habillé ôta sa toque à plumes devant le colonel du régiment Dauphin en lui remettant une lettre. Cette mission était accompagnée de l'envoi d'une fort belle épée à la dragonne portant à la poignée un nœud brode d'argent dont le seul travail témoignait assez que les doigts d'une femme s'en étaient mêlés.

Le marquis avait tiré l'épée de la housse de soie noire qui l'entourait, et, s'adressant à Régis :

— Voici, mon cher novice en fait d'armes, une épée digne, à coup sûr, d'un colonel de chevau-légers. La personne qui vous l'offre désire rester inconnue. Je vous la remets, convaincu que vous ne l'emploierez qu'à bonnes enseignes.

Régis s'inclina et reçut l'épée des mains de Cavoie. Une vive rougeur venait de colorer son front; il parut troublé quand Berthe lui demanda s'il soupçonnait l'auteur d'une telle galanterie.

Cavoie rentra dans sa chambre avec le coureur pour lequel il cacheta une lettre. Quand il revint, trois heures sonnaient à l'horloge du château de Saint-Germain; madame Cornuel demanda son carrosse.

— Je rendrai compte de vos bonnes dispositions à mademoiselle de Coëtlogon, dit-elle au marquis, et, en récompense de votre docilité, je vous promets de ne plus recevoir M. d'Éterville... Vous voyez, continua-t-elle en se penchant à l'oreille de Régis, ce que nous faisons pour vous. Promettez-nous de venir nous voir, du moins; vous nous devez bien cela, car cette chère enfant ne pense qu'à vous...

Régis soupira en baisant la main de Berthe, et ce soupir fut interprété par Cavoie et madame Cornuel au profit de l'amour de la jeune fille. Sa beauté et sa fortune en faisaient un trésor qu'eût apprécié plus d'un seigneur évaporé de cette cour. Cavoie se disait tout bas qu'il eût accepté volontiers l'échange de mademoiselle de Coëtlogon avec Berthe de Pontareuc.

Les yeux de la noble enfant s'étaient obscurcis de grosses larmes en voyant le présent qui venait d'être fait à Régis : d'où pouvait lui venir cette épée, et quelle était cette donatrice mystérieuse ? Pour la première fois Berthe sentit dans son cœur l'aiguillon de la jalousie, et, tout en serrant la main de Régis, elle se promit bien de surprendre son secret. Elle remonta dans le carrosse de madame Cornuel, et, se cachant le front entre ses mains, elle pleura abondamment.

# VIII

Madame de Soubise avait tenu la parole donnée à Régis : elle s'était retirée aux Grandes-
Carmélites.

Cette résolution, sévère en apparence, l'était
peut-être moins par le profit que la princesse,
victime d'un revers de cour, espérait trouver
dans l'exemple quotidien d'une autre infortune,
celle de mademoiselle de la Vallière.

Depuis le mois d'avril 1674, mademoiselle de
la Vallière s'était ensevelie dans cette retraite.
Elle avait pris publiquement congé du roi, qui
l'avait vue partir sans une larme, et avait reçu

le voile noir des mains de la reine. Elle était alors
âgée de trente ans au plus, sa beauté surprenait encore tout le monde. La sœur Louise de
la Miséricorde avait remplacé mademoiselle de
la Vallière : elle avait cru que Dieu seul pouvait succéder à son amant.

A l'époque où se passe l'histoire que nous
écrivons, mademoiselle de la Vallière devait
cependant se voir inquiéter de nouveau par le
monde jusqu'au fond de cette pieuse solitude ;
elle devait avoir à soutenir en face les compliments de la cour et de la ville sur le mariage de
sa fille, mademoiselle de Blois, avec le prince de
Conti.

Il nous semble que l'on fait souvent trop bon
marché de certains courages : celui de mademoiselle de la Vallière fut grand, en cette circonstance. Recevoir à un parloir de couvent les
beautés en vogue de la cour, elle qui en avait
été l'astre le plus beau , voir défiler devant elle
tout ce long cortége de femmes parées dont la
curiosité seule l'humiliait ; entendre parler à
cette grille de madame de Montespan, de madame de Maintenon et de mademoiselle de Fontanges, les constellations nouvelles ; assister,
sous la bure et le cilice, aux préparatifs d'une
noce qui rappelait sa honte et tout l'égoïsme du
roi ; accommoder sa tendresse de mère avec le

caractère rigide d'une épouse du Christ ; tou
cela n'était-il pas la plus rude croix que pût
porter la sainte et belle carmélite ? Si elle s'in-
dignait, dans un pieux élan, au mois de no-
vembre 1683, d'avoir trop pleuré la mort du
comte de Vermandois, *ce fils dont elle n'avait
pas encore assez pleuré la naissance* [1], que devait-
elle penser, trois années auparavant, du silence de Louis XIV dans cette circonstance si
délicate pour son cœur de mère, le mariage de
mademoiselle de Blois ? Le roi s'était borné à
lui recommander d'écrire à sa mère *ce qu'il
faisait pour elle* [2].

M. de Conti la tenait au parloir, et là c'était
à qui viendrait se rassasier de la vue de l'ancienne favorite. Chaque courtisan accourait lire
sur son front les ravages produits par l'austérité
du cloître ; on se plaisait à l'interroger sous cet
habit si étrange. Le mariage de la dauphine
devait avoir lieu vers le même temps, ainsi que
les fêtes prochaines de la cour à Saint-Germain.
Tous ces bruits mondains venaient troubler la
solitude de la recluse. En un mot, Paris entier affluait aux Carmélites, et Paris entier s'entretenait, devant cette femme noble et rési-

[1] Réponse de mademoiselle de la Vallière à Bossuet.
[2] Madame de Sévigné. Lettre du 29 décembre 1679.

gnée, de magnificences qu'elle ne verrait pas, de splendeurs et de joies dont elle recevait le contre-coup.

Depuis un mois à peu près, madame de Soubise habitait cette même retraite. La mère Agnès, directrice des Carmélites, l'y avait reçue sous le sceau du secret, et la porte de sa chambre ne s'ouvrait qu'à madame de Rochefort. Jusque dans la solitude que choisissent les femmes de cour, il y a toujours l'ombre d'un calcul. Madame de Soubise était loin d'avoir l'héroïque abnégation de la Vallière, elle croyait encore à la cour, au roi, aux honneurs, à tout ce qui plaît et enivre dans la faveur. Peut-être même espérait-elle être mieux servie pour ses intérêts aux Grandes-Carmélites que dans la terre de M. de Luynes ; elle avait d'abord, on l'a vu, imaginé la rougeole [1], elle imagina le cloître. Les Carmélites, ainsi que nous venons de le dire, étaient cette année, le meilleur terrain que pût choisir une grande dame en disgrâce, et qui ne comprenait pas qu'on pût vivre ailleurs qu'à la cour, pour y savoir les nouvelles de première main.

La chambre que madame de Soubise occupait était située sur l'une des ailes les plus silen-

---

[1] Madame de Sévigné, 19 janvier 1680 Lettre 704.

cieuses du couvent, loin des cellules qu'habi-
taient madame Stuart, *belle et contente*, au dire
de madame de Sévigné [1], mademoiselle d'Éper-
non, mademoiselle du Janet et mademoiselle
de la Vallière. Les choix prochains qui devaient
avoir lieu pour la maison de madame la dauphine, alarmaient seulement madame de Soubise ; elle craignait que madame la maréchale
de Rochefort ne partît en qualité de dame
d'atours de cette princesse. Privée de cette
amie qui lui tenait lieu de sœur, pourrait-elle
soutenir l'ennui d'une telle retraite ? Le peu de
partisans qu'elle comptait à cette cour orageuse
se souviendraient-ils seulement d'elle ? M. de
Soubise intriguait mal, il n'avait ni crédit, ni
habileté, c'était un homme de plaisirs et de
filles d'Opéra. Ces fêtes qui se préparaient à la
cour, ces fêtes admirables, splendides, elle
n'en serait pas pour la première fois de sa vie ;
d'autres y brilleraient, et y porteraient le front
haut. Il est plus facile de s'accoutumer à Dieu
qu'à une disgrâce, pensait la chagrine princesse. Et il y avait des instants où elle se repentait d'avoir choisi les Carmélites, où les chaises
à porteurs affluaient cependant du matin au
soir.

[1] Madame de Sévigné. Lettre du vendredi 5 janvier 1680.

Madame de Soubise était seule, ce soir-là, seule avec ses pensées et sa douleur ; elle ouvrit un petit cabinet de laque à plusieurs tiroirs placé devant elle. Un paquet soigneusement cacheté de noir tomba sous sa main, elle en considéra la suscription avec un sourire amer.

— Des lettres du roi, des lettres de cet homme qui hier encore tenait dans ma vie une si grande place ! Un maître hautain et dur que ce maître-là ! La patience et la sincérité dans l'amour ne sont rien pour lui. Il y a ici une victime qui l'accuse. Celle-là, mon Dieu ! l'aimait plus que moi, celle-là tremblait de l'affliger ; mais, comme elle aussi, je l'ai vu inconstant, et comme elle j'ai pardonné. Il ne pardonne pas, lui ! Qu'ai-je fait, pourtant ? Je ne l'aime pas et je souffre ; il m'a enlacée dans tous les liens de la faveur, il m'appelle son amie, et j'ai vu l'instant où sa colère m'exilait. Il est jaloux de la reine, qui me préfère à toutes ; il m'éloigne de la cour au moment où cette cour va resplendir ; d'autres ont ma place, oui, d'autres ! Que de règnes ai-je soufferts ! Trois femmes se partagent maintenant ce cœur absorbé dans l'aride contemplation de lui-même. C'est ma mère, c'est ma famille qui m'a tracé ce chemin ; les femmes de notre maison ne connaissent pas l'amour, elles doivent servir de marchepied aux ambi-

tions qui les entourent et les obsèdent, voilà
tout. Si j'aimais du moins le roi!... Hélas! je
le sens, ce n'est que la cour et la louange que
j'aime! La Vallière! la Vallière! oh! que n'ai-
je ton courage! Misérable orgueil! misérable
femme que je suis! Permettez, mon Dieu, que
je profite d'une honte qui me punit; vengez-
vous, mon Dieu, de toute la fausseté des vertus qu'on a honorées en moi!

Madame de Soubise renferma vivement les
lettres dans l'un des tiroirs, ses pleurs coulèrent
en abondance, elle se recula honteuse jusqu'au
pied d'un crucifix qui était à la cheminée. Elle
était presque heureuse de s'abandonner à sa douleur dans ce lieu si triste. En ce moment, la
maréchale de Rochefort entra : elle venait lui
apprendre qu'elle faisait partie de la maison de
la dauphine, et qu'elle partait le lendemain
même pour Munich.

— Vous me quittez, reprit la princesse avec
amertume, c'est l'ordre de Dieu, je m'y sou-
mets. Je croyais que vous étiez chargée des
habits de la dauphine, mais je ne croyais pas
votre départ si prochain. Quelle est cette lettre?
Un nouveau malheur pour moi, peut-être...

— Cette lettre, chère princesse, vient d'arriver pour vous de Saint-Germain à l'instant
même; elle est de M. de Cavoie.

— De Cavoie? oh ! donne vite, ma chère maréchale, il me parle peut-être de mon seul
amour au monde, de mon protégé, de Régis.

La princesse lut la lettre, et, en la lisant, son
front semblait trahir toutes les émotions qu'elle
lui causait. Le marquis rendait compte à madame de Soubise de la vie qu'il menait au camp
de Saint-Germain avec Régis. La nature du
Breton commençait à lui donner quelques inquiétudes ; Régis paraissait en proie à un chagrin morne et profond, il lui parlait à peine de
madame de Soubise, négligeait tous les exercices du camp, et était allé à son insu deux ou
trois fois chez la Voisin pour se faire dire les
cartes. Le marquis racontait à la princesse la
visite de mademoiselle Berthe de Pontareuc au
camp de Saint-Germain, sa beauté, sa grâce, sa
fortune; il conjurait madame de Soubise de songer à tout cela. Elle ne voudrait pas sans doute
empêcher l'avenir de ce jeune homme, et la
folle passion que Régis avait pour elle céderait
aux conseils que la princesse devait à l'inexpé-
rience de son amoureux. Cavoie terminait sa
lettre en assurant madame de Soubise qu'il
n'avait point trahi le secret du cadeau qu'elle
avait fait à Régis, mais que le jeune homme
avait deviné sa bienfaitrice. Le marquis venait
de tracer ainsi à la princesse une ligne de con-

duite facile à suivre. Madame de Soubise se promit bien de ne plus entraver la marche des choses ; Berthe aimait Régis : n'était-il pas tout simple qu'ils fussent unis? La princesse saisit la main de madame de Rochefort et la plaça sur son cœur ; il battait violemment. C'était un second sacrifice qu'elle venait de faire à Dieu, que cet amour de Régis cédé à une autre femme, cet avenir d'enfant, cette vie dont elle n'allait plus disposer.

— Hélas! reprit-elle, je ne lui suis plus rien, il est aimé! Je ne serai pas du moins forcée de lui avouer le triste secret qui existe entre nous deux.

La maréchale de Rochefort donna adroitement le change à cette douleur par une foule de détails qui prouvaient assez à la princesse le mouvement que ses amis se donnaient pour elle à la cour. Rien n'était égal aux magnificences qui s'y préparaient, aux présents qu'elle portait elle-même à la dauphine, dont le portrait venait d'arriver, et qu'on trouvait du reste médiocrement belle. Les libéralités du roi étaient immenses; on eût dit qu'il cherchait alors à s'étourdir par les fêtes qu'il préparait du chagrin secret de cette rupture avec madame de Soubise. La maréchale de Rochefort remit à la princesse plusieurs lettres de madame de

Schomberg; elles contenaient toutes des paroles
d'espoir; chaque phrase était un éloge de sa
résignation et de son silence. La princesse
s'était accoudée à la fenêtre de sa chambre.
Pour toute réponse elle se contenta de montrer
à la maréchale l'astre d'argent qui poursuivait
sa course au milieu de l'air, en cherchant par
intervalles à se sauver d'un immense nuage
qui le gagnait peu à peu. Les deux femmes
restèrent quelque temps à contempler ce spec-
tacle; le fantôme noir couvrit bientôt la lune
tout entière. Madame de Soubise se cacha le
front dans ses deux mains.

Tout d'un coup, et comme délivré doucement
par les mains d'un ange, le beau corps de l'astre
flotta de nouveau dans l'espace céleste, revêtu
de sa nacre la plus brillante, et la molle traînée
de sa lumière inonda les murs du cloître.

— Dieu ne défend pas de croire aux présages,
reprit en souriant la maréchale [1]. Les nuages

---

[1] Madame de Soubise y croyait singulièrement. Dans un
moment de brouille avec son royal amant, elle habitait la
partie la plus retirée de Versailles; sa porte était fermée
pour tout le monde. Louis XIV imagina de se servir d'un
intermédiaire curieux pour faire la paix. Madame de Soubise aimait passionnément les chats; le roi en apporta un
lui-même sous son bras, après avoir ouvert la tranchée
amoureuse de ce nouveau siége par Bontemps, qui porta

de cour passent vite comme les nuages du ciel.
Je vais voir demain le marquis de Cavoie, que
dirai-je pour vous à M. Régis de Kerven?

— Vous lui porterez cette lettre, ma chère
maréchale, reprit madame de Soubise avec émotion. Cette lettre sera ma première et ma dernière. Permettez-moi seulement d'y ajouter
quelques lignes.

Et, prenant sur sa table une lettre déjà com-
mencée, elle y traça quelques mots sur lesquels
ses yeux laissèrent tomber une larme.

— Pauvre enfant! murmura-t-elle, en se
penchant de nouveau à sa fenêtre solitaire et
en regardant l'azur de ce firmament paisible,
pauvre enfant, le ciel de ce soir ne dit rien de
lui !

les paroles pour le monarque. Le chat avait au cou un
magnifique collier de diamants. Après qu'elle eut fêté et
caressé à la fois l'animal et le collier, madame de Soubise
les chercha tous deux inutilement devant le roi : le chat
s'était enfui et avait gagné le parc. Il fut impossible de le
retrouver, non plus que le collier. Cet incident jeta pour
quelques jours madame de Soubise dans une sombre mélancolie.

# IX

Tous les alentours du château de Saint-Germain étaient en rumeur ; les fêtes y duraient depuis trois jours, et les gazettes ne tarissaient pas en éloges sur le luxe que la cour y déployait.

Le mariage de mademoiselle de Blois avec le prince de Conti, ce mariage *sur qui toutes les fées avaient soufflé,* suivant l'expression de madame de Sévigné, était le texte de toutes ces magnificences. La chapelle de Saint-Germain avait vu bénir ces augustes fiançailles ; les

grands festins, les comédies, les loteries galantes
tenues par les filles d'honneur, le bal et le jeu
continuaient à se succéder chaque jour dans le
château. La saison d'hiver dans laquelle on se
trouvait ne permettait alors ni les promenades
dans les bosquets, ni les concerts du soir dans
les gondoles dorées de Saint-Germain. Les tri-
tons de bronze voyaient les glaçons pendre à
leurs barbes, les naïades frileuses étaient cou-
vertes de neige. Mais il restait Racine avec ses
tragédies, Benserade avec ses ballets, et Lulli
avec ses airs. Si les jonquilles manquaient, si
les feux d'artifice et les illuminations n'osaient
se produire au dehors, les collations de médianoche éclairées de mille flambeaux, les tapisseries de perles, les volières aux mille oiseaux,
les violons cachés sous des draperies de soie,
les Amours suspendus au plafond et versant des
vins à la glace, les machines ingénieuses, les
parfums brûlant dans les cassolettes de Boule,
les Olympes et les nuages de gaze ne manquaient
pas. Le prince de Conti venait d'ouvrir le bal
avec ce fameux habit couleur de paille à compartiments de velouté noir, dont les diamants
seuls firent tant parler. M. le duc, madame la
duchesse et mademoiselle de Bourbon, avaient
étalé trois vêtements garnis de pierreries dif-
férentes pour ces trois jours. La doublure du

seul manteau de l'époux était de satin noir
moucheté de diamants. Romanesquement belle,
la jeune princesse rencontrait autour d'elle le
sourire orgueilleux de vingt femmes sur qui les
regards de Louis étaient tombés : madame de
Montespan, assise à côté du roi, le front ceint
de perles et toute radieuse de son empire,
madame de Fontevrault, madame de Thianges,
mesdames de Lude, de Laval, de Richelieu, de
Coulanges, de la Fayette, de Monchevreuil,
Lucie de Tourville, de Fiesque, de Monglat et
de la Beaume. Escortée de ses filles d'honneur,
elle traversait cette cour féconde en commerces
délicats et en scandales éclatants, cette cour qui
produisait à la fois, comme extrêmes, mademoiselle de la Vallière et la comtesse d'Olonne.
Alors, à la seule vue des hommes qui entraient dans cette galerie illuminée, plus d'un
cœur battait sous les pierreries et les dentelles,
plus d'une femme s'avouait tout bas à elle-
même son faible pour des noms tels que ceux
de Guiche, d'Humières, de Lauzun, de Varde,
de Cavoie, de Lesdiguières, de Luynes, de
Tingry et de Lafeuillade. La belle et jeune
fiancée entendait nommer autour d'elle ces
héros brillants des carrousels de son père ;
affable avec dignité, elle accueillait leurs éloges
et leurs madrigaux de l'air d'une reine. Le bal

de ce troisième jour était pour elle la conclu-
sion de ses fiançailles, sœurs de celles du dauphin, qu'on mariait à Munich.

Cependant l'absence de plusieurs belles femmes à ces fêtes était remarquée.

C'était d'abord la jolie Fontanges [1], que son
état retenait loin de la cour. madame la maréchale de Rochefort, partie pour Schelestat avec
la maison nouvelle de la dauphine, et enfin
l'éclatante madame de Soubise, exilée du trône
qu'elle avait jusqu'alors occupé à cette cour.

Les quadrilles étaient formés, le divertisse-
ment de Quinault venait de finir, les danseurs
étaient à leurs places.

Tout à coup il y eut un léger silence dans la
salle ; le marquis de Cavoie venait de prendre
la main d'une des filles d'honneur de la reine,
il allait danser avec mademoiselle de Coëtlogon.

Cavoie était, on le sait, fort beau danseur,
mais ce jour-là vraiment il avait l'air de tenir
la main d'une morte ; il était lui-même d'une
pâleur qu'eût pu seule expliquer l'histoire tragique que l'on se passait de bouche en bouche.

— Cette pauvre Bertillac ! disait malicieuse-

[1] Mademoiselle de Fontanges venait de perdre l'enfant dont elle était accouchée. (Voyez madame de Sévigné, 1680.)

ment près de Cavoie le beau Coislin. Savez-vous, mesdames, ce qui lui arrive?

— Non, ma foi; dites-nous cela, cher duc.

— Avez-vous donc oublié sa flamme pour l'insensible Caderousse? La chronique prétend qu'il l'a vue s'enflammer et non se défendre; comme il aime la bassette il lui a fait mettre en gage ses perles...

— Quelle horreur!

— On l'a vu arriver chez madame de Quintin, samedi dernier, avec mille louis qu'il faisait sonner dans son justaucorps : sa reconnaissance l'obligea de dire d'où ils venaient. Ce procédé, mesdames, a saisi la Bertillac, qui en est devenue une image de saint Benoît; la voilà à l'agonie depuis cinq jours qu'elle a pris le lit.

— Mais cela est infâme, monsieur, reprit la maréchale de Laferté-Senneterre, notre sexe devrait déchirer Caderousse comme on fit d'Orphée.

— A bon entendeur salut, murmura Coislin à l'oreille de Cavoie, mais de façon à ce que sa danseuse ne pût l'entendre. Allons, mon cher marquis, montre-toi plus pitoyable... mademoiselle de Coëtlogon a fait ce soir pour toi les frais d'une robe...

— Charmante, estimable comme goût et comme richesse, reprit Cavoie cherchant à donner le change à l'inquiétude de mademoiselle de Coëtlogon pendant cet échange rapide de paroles entre lui et Coislin ; mademoiselle de Coëtlogon est ce soir une des fées de Saint-Germain.

Le marquis disait cela par peur plutôt que par conviction ; il n'ignorait pas l'affaire de la pauvre Bertillac et tremblait que sa libératrice de la Bastille n'en prît texte pour le presser. Cependant il était devenu vite le point de mire de tous les regards. Il rentrait à la cour après une prison qui lui valait maint compliment donné à voix basse ; les intrépides lui serraient la main, les dames se le montraient en parlant sous l'éventail. L'amour-propre du marquis avait besoin de ces encouragements muets, il dansait ce soir-là avec *la laide de la cour.*

C'est aux femmes qui ont éprouvé le poids de leur infériorité en pareille circonstance, vis-à-vis d'un cavalier accompli, qu'il faut demander ce que le cœur peut souffrir. Les belles regardaient Coëtlogon avec des sourires ironiques, les laides l'enviaient et la déchiraient inhumainement.

— Comprenez-vous ma chère, un pareil acharnement? disait la duchesse de Châtillon, qui en voulait alors à Cavoie; et savez-vous ce qu'elle a demandé ces jours-ci à Sa Majesté?

— Contez-nous cela, reprenait madame de

Saint-Aignan, cela doit être du dernier curieux.
Quelque extravagance qui n'a pas de nom !

— Elle a demandé un ballet... oui, un ballet,
ma chère, afin de danser sous le masque...

— C'est se rendre justice, elle voulait plaire
et tuer Cavoie sans coup férir...

— Oublie-t-elle donc que le dernier ballet fut
celui de *Flore,* dansé à Saint-Germain, le 13 fé-
vrier 1669 ? J'y étais, reprit la vieille madame
d'Usez, très-ferrée sur l'étiquette ; mais depuis
ce temps le roi ne veut plus danser, il laisse cela
aux comédiens [1].

Cette demande, ou plutôt cette prière, Coëtlogon l'avait en effet adressée au roi ; la pauvre
fille pensait sans doute que Cavoie rougirait
moins d'elle en la voyant sous le masque ; mais
elle jugeait mal le cœur du marquis ; il était
d'ailleurs trop présomptueux pour ne point
compter sur l'effet de ce sacrifice. La danse ter-

[1] Louis XIV, on le sait, aimait la danse théâtrale, et,
depuis son enfance jusqu'à l'âge de trente et un ans, il dansa
dans de grands ballets et dans les divertissements de comédies qu'il faisait représenter dans son palais. Non compris
les bals solennels et les bals ordinaires, il dansa vingt-sept
grands ballets. Tous ces ballets de la cour s'exécutaient
*sous le masque.* Cet usage fut conservé à l'Opéra pendant
plus d'un siècle. Ce fut Gardel l'aîné qui dansa le premier à visage découvert, en 1766. (Note du deuxième
chant de *l'Art de la danse,* par Despréaux.)

minée (c'était un pas de Ballon [1] que Louis XIV avait dansé lui-même dans les fêtes précédentes de la cour à Fontainebleau), le marquis se vit assailli par un flot de gentilshommes et eut quelque peine à reconduire mademoiselle de Coëtlogon jusqu'à l'un des pliants placés au-dessous de l'estrade de la reine.

— Vous êtes, avec le rói, le seul homme au monde digne de danser la *passacaille* [2], dit à Cavoie M. le marquis de Villequier, qui était lui-même fort galant danseur. Mais, mon cher marquis, vous donnez de trop vaillants coups d'épée en faveur de votre ami Racine. Voyez ce dont vous êtes cause! Ce petit baron d'Éterville est maintenant plus fier et plus rogue que jamais. Blessé par M. de Cavoie! a-t-il l'air de dire partout, mais voilà de ces bonheurs qui n'arrivent qu'à moi; c'est un brevet de courage que j'ai emporté à la pointe de l'épée!

— Le fat!

— Ajoutez, mon cher, l'ambitieux! Je connais son oncle, il est vrai, c'est mon voisin de terre, et je puis dire qu'ils sont tous d'une famille assez bonne de robe. Mais ne s'est-il pas mis en tête d'arriver à je ne sais quelle charge

---

[1] Maître à danser de Louis XIV.

[2] Danse très-grave, à une seule personne.

dans l'armée, lui qui n'a jamais servi, en mettant tout le sel provincial de son esprit à la composition d'un pamphlet contre les belles de la cour? Un Bussy-Rabutin au petit pied. rien que cela!

— Pas possible!

— Laissez donc, il aspire à se faire craindre. Il a ramassé, je ne sais où, toutes les chroniques scandaleuses; vous savez s'il s'en compose et s'il s'en perd! Tenez, c'est comme ce mouchoir de point, admirablement brodé, qui porte le chiffre que voici : je l'ai ramassé en passant près du pavillon de chasse, vers la terrasse...

— Ce mouchoir! mais c'est celui de madame de Soubise, interrompit Cavoie; je reconnais le chiffre et la couronne... Oui, c'est bien cela... Comment se fait-il que la princesse, qui doit être encore au couvent...? Marquis de Villequier, veuillez me remettre ce mouchoir... il y a ici un mystère que je prétends éclaircir.

— Prenez garde, les yeux de mademoiselle de Coëtlogon peuvent nous épier; venons de ce côté, mon cher Cavoie, aussi bien nous y retiendrons nos places pour la collation.

— J'avais avec moi un jeune cadet de Bretagne, M. Régis de Kerven; ne l'auriez-vous point vu? demanda Cavoie à Villequier en lui désignant trait pour trait son protégé.

— N'est-ce donc pas lui qui donne le bras à cette belle personne?

Cavoie reconnut, en effet, Régis et mademoiselle Berthe de Pontareuc. Elle était vêtue d'une robe semée de perles; ses épaules, éblouissantes de blancheur, le disputaient à celles de la belle duchesse de Nevers. En promenant dans le bal une aussi charmante personne, tout autre que Régis eût tressailli de joie et d'orgueil, mais le jeune Breton semblait alors sous le poids d'une préoccupation douloureuse. Au milieu de tous ces seigneurs enrubanés et coquets, il ne se sentait pas à sa place, il ne lui venait pas à la pensée qu'il pût jouer un jour quelque rôle à cette cour dont le souverain l'avait accueilli pourtant avec une bienveillance particulière. Présenté la veille à Sa Majesté par le marquis de Cavoie, le Breton avait été l'objet d'une véritable préséance de cour : le roi avait, en effet, daigné lui adresser quelques paroles au sortir de la chapelle. Était-ce à la recommandation de Cavoie ou à une influence cachée que Régis devait cette distinction? Le jeune homme ne songeait pas même à approfondir cette question personnelle, il ne voyait, il ne regrettait qu'une chose, l'absence de madame de Soubise bannie de ces noces où elle eût effacé les plus belles par sa beauté, les plus fastueuses par son éclat. Si l'obstacle a droit d'enflammer un cœur, celui de Régis ne pouvait l'être plus violemment. Non-seulement il n'avait pas trouvé moyen de franchir la grille du couvent des Carmélites depuis ce fatal départ du château de M. de Luynes, mais encore il avait reçu de la princesse une lettre dont chaque phrase était la condamnation visible de sa folle passion. Régis de Kerven examinait donc cette fête avec un étonnement mêlé de chagrin, il souffrait de n'y pas rencontrer la seule femme qui eût fait battre son cœur. Et, pourtant, à son bras même était suspendue cette charmante perle nommée mademoiselle Berthe de Pontareuc que semblait faire ressortir encore la présence de mademoiselle de Coëtlogon. Penchée en effet à l'oreille de Berthe, la fille d'honneur de la reine lui faisait part sans doute de ses remarques sur les danseurs, quand un personnage singulier, qui causait devant eux avec une vieille dame parée comme une châsse de tout ce qu'elle pouvait avoir de plus beau, vint captiver tout d'un coup l'attention de notre jeune cadet.

Le visage de ce cavalier était aussi parsemé de mouches qu'un globe céleste l'est d'étoiles.

La touffe de rubans qui lui pendait de l'épaule
lui venait jusqu'à ses gants, bordés d'une grosse
frange d'or, et ceux-ci étaient si grands et si
roides, que, lui cachant le coude, il ne pouvait guère plier le bras qu'avec contrainte. Ses
manchettes, qui lui passaient bien de deux
pouces au delà des doigts, lui servaient sans
doute à nettoyer les plats, car elles étaient sa-
lies et tachées de vin en plusieurs endroits.
Pour son baudrier, il était d'une telle largeur,
qu'on ne pouvait voir la couleur de son habit
que par un côté; à ce baudrier pendait une
épée démesurée qu'on eût comparée raisonna-
blement à une broche de cuisine. Ses hauts-de-
chausses étaient entourés de tant de paquets de
rubans, qu'on en aurait pu assortir deux bonnes boutiques de mode, ses bas étaient bigar-
rés et damasquinés. Ses souliers, dont les
talons étaient d'un poids et d'une grandeur
énormes, avaient au moins une demi-aune de
longueur. Une perruque des plus épaisses lui
descendait enfin presque à la ceinture, et sa
cravate, qui semblait ne vouloir rien céder
à la grosseur de sa taille, était surmontée d'un
nœud de ruban colossal.

— Vous croyez donc, ma chère madame
Cornuel, disait à la vieille dame cette véritable caricature du grand seigneur, que made-

moiselle Berthe de Pontareuc ne n'aime pas ?
Tudieu ! ces petites filles de Bretagne ont le
goût bien haut, le cœur bien fier ; oublie-t-elle
donc d'ailleurs que les d'Éterville viennent de
se découvrir, très à propos, un procès contre
les de Parmes ? Ce n'est pas à un baron de mon
étoffe qui a la langue aussi bien pendue que
l'épée...

— La chance est contre vous, M. le baron ;
je vous avouerai même que j'ai dû promettre à
M. de Cavoie de ne plus vous recevoir dans
mon hôtel ; ne vous en prenez qu'à vous, à
vos assiduités...

— Dites à ce damné Breton ! reprit d'Éterville,
que Régis ne pouvait alors entendre, séparé
comme il l'était du baron par un flot de convives qui se pressaient déjà vers les tables de la
médianoche. Ce M. de Kerven ne se contente
pas d'avoir tourné la tête à votre colombe ; il
porte ses vœux plus haut. Et ne va-t-on pas
jusqu'à dire... Mais je me vengerai, murmura d'Éterville, oh ! oui, je me vengerai !

Madame Cornuel ne fit guère attention aux
paroles du baron normand, elle le laissa tout
entier à son dépit. Rejoignant bientôt sa chère
Berthe, elle s'amusa quelques secondes des
naïves reparties de mademoiselle de Coëtlogon,
à qui sa malice habituelle prêta bientôt du ren-

fort contre ses *bonnes amies* de la cour. Les violons entamaient la dernière sarabande quand
elle rencontra le marquis de Cavoie, qui, sans
plus de façons, lui prit brusquement le bras,
et, s'approchant de l'embrasure d'une fenêtre,
se mit à causer familièrement avec celle qu'il
nommait *sa Providence.* Tous deux se trouvaient
alors devant le dais de Sa Majesté, qui regardait un quadrille entre le duc de Saint-Aignan
et le duc de Sully, madame de Montespan et
mademoiselle de Nemours.

— Une belle fête, marquis, reprit à voix
basse madame Cornuel, une belle fête ; obser-
vez cependant les yeux du roi, il a l'air de
chercher quelqu'un qui y manque...

— Mademoiselle de Fontanges, peut-être,
répondit Cavoie.

— Mademoiselle de Fontanges ou toute autre, cher marquis.

— Toute autre, dites-vous ? continua Cavoie
en froissant entre ses mains le mouchoir que
lui avait remis Villequier.

— J'aurais dû dire une autre, reprit madame Cornuel avec les mêmes précautions.

— Que voulez-vous dire ?

— Qu'il y a, je n'en doute pas, une femme
absente de ce bal à laquelle pense en ce moment
Sa Majesté. Ne me regardez pas avec de grands

yeux étonnés, mon cher Cavoie, n'ayez pas peur de moi, je ne suis point sorcière, et ne sens pas le roussi comme madame Voisin.

— Expliquez-vous donc, auriez-vous vu par hasard...?

— Moi, cher marquis de mon âme, je n'ai rien vu, je n'affirme rien, je me borne à supposer...

— Mais qui peut vous faire croire que le roi regrette quelque chose ? Voyez un peu de quel œil il regarde danser madame de Montespan !

— C'est précisément avec cet œil-là qu'il considérait ce matin, de l'une des fenêtres entre-bâillées du pavillon de chasse, une dame dont je n'ai pu voir les traits, attendu qu'elle tenait son voile étroitement rabattu sur son visage en regagnant son carrosse : Bontemps l'y a fait monter derrière un massif, et elle est repartie à quatre chevaux pour Paris...

— Vous ne la connaissez pas ?

— Nullement, je pense ; seulement, comme il était de fort bonne heure et que je me dirigeais avec Berthe vers la terrasse du château, pour lui en faire observer le point de vue, j'ai remarqué que la dame avait laissé tomber son mouchoir près d'un massif, et comme je me disposais à le ramasser, voilà que tout d'un

coup déboucha ce grand flandrin de Villequier...

— Assez, assez, madame, interrompit Cavoie,
je pourrais peut-être achever l'histoire que
vous venez de me livrer ; mais nous ne sommes
pas ici dans un lieu commode. Pas un mot de
ceci à d'autres qu'à moi, je vous prie ; c'est un
secret d'État dont nous sommes dépositaires.
Un mot seulement encore : quelle était la couleur de la livrée ?

— Aucune ; deux grands laquais sombres et
mystérieux comme des exempts de M. la Re-
naudie. Mais aux précautions infinies de Bontemps, à ces persiennes entre-bâillées, à la taille
de la dame... Tenez, cher marquis, serrons-
nous la main, nous nous comprenons ; après
tout, comme dit la chanson,

> Quand une fois on a senti
> Une ardeur vive et tendre,
> L'indifférence est un parti
> Bien difficile à prendre.

Madame Cornuel achevait à peine ce refrain
que tout le monde se leva. Le roi sortait du
bal avec le prince et la princesse de Conti ; il
allait assister avec la reine au coucher des
deux époux. Louis XIV était alors dans sa

quarante-troisième année ; sa physionomie portait ce jour-là l'empreinte de l'ennui et de la tristesse. Il se succédait déjà dans une génération ; mademoiselle de Blois lui rappelait la Vallière. Ce n'était plus l'aventureux amant qui jetait de tendres aveux, à travers une cloison, à mademoiselle de la Motte-Houdancourt ; ce prince jeune, ardent, dont s'effrayait la duchesse de Navailles quand il courait les gouttières pour voir sa belle ; cet adorateur d'Hortense Mancini ou de la Vallière , inquiétant le chaste repos des filles d'honneur : il en était aux chaînes dures et pesantes, gardant à peine en son cœur quelque souvenir de sa jeunesse, oubliant la conquête facile et passagère de tant de beautés ; celle de mademoiselle de Lude, de mademoiselle de Pons et de tant d'autres. Un soufflet donné à madame de Montespan par son mari avait rendu vite cette dernière plus maîtresse du cœur du roi que toutes ses maîtresses ; la jalousie et la colère s'en étaient mêlées. Cependant Louis XIV s'ennuyait déjà des airs sérieux et frondeurs à la fois de madame de Montespan. Il avait bien donné quelque encens à mademoiselle de Fontanges, mais sa passion pour une autre favorite, loin de s'éteindre par les saillies mordantes de madame de Montespan, se ranimait. Aussi, dans cette fête même, au milieu de toutes ces femmes jalouses de lui plaire et qui épuisaient pour lui toutes les agaceries de la beauté, éprouvait-il le regret d'un commerce plus doux et plus calme, d'un esprit plus souple et plus complaisant. Madame de Soubise lui avait passé toutes ses maîtresses, madame de Montespan les lui reprochait aigrement. Des scènes violentes avaient éclaté entre la favorite en titre et l'amant : Louis supportait le joug, mais il était résolu à le secouer au premier jour.

Quand les pages de la chambre du roi eurent terminé leur service auprès de Sa Majesté, et que toutes les cérémonies du coucher des époux furent achevées, le maréchal duc de Noailles, gouverneur du château de Saint-Germain, fit prévenir M. le marquis de Cavoie, par un laquais de la garde-robe, qu'il eût à venir parler au roi.

Serrant alors la main de Régis, avec lequel il venait de s'entretenir quelques instants, le marquis sortit en toute hâte.

# X


De son côté, mademoiselle de Coëtlogon s'était rendue à son service près de la reine Marie-Thérèse. Trop fatiguée pour assister à cette collation de la médianoche, après trois jours de fêtes et d'étiquette, cette princesse avait regagné ses appartements, ainsi que le roi, après avoir donné avec lui les chemises aux nouveaux mariés.

La collation de la médianoche n'en étalait pas moins ses prestiges luxuriants aux regards des invités ; les dames et les seigneurs de la cour y prirent bientôt place. Les murs de cette galerie étaient ornés de médaillons entourés de fleurs et d'emblèmes ; tous portaient les chiffres de mademoiselle de Blois et du prince de Conti. L'éclat des girandoles, la profusion des mets, l'accord imprévu de mille instruments, tout concourait à la féerie nocturne du repas, dont les gravures du temps nous représentent encore aujourd'hui quelques détails. Les propos malins, les reparties piquantes circulèrent bientôt : l'absence du maître semblait avoir rendu leur liberté à tous les acteurs de cette fête, dont l'heure et les flambeaux marquaient déjà le déclin.

Inquiet de l'absence momentanée de Cavoie, Régis s'était assis près de Berthe de Pontareuc, à l'un des bouts de cette table circulaire ; il était à peine distrait par les saillies de madame Cornuel, et ne prêtait guère qu'une attention médiocre aux propos qui se tenaient autour de lui.

Au bout opposé se tenait un groupe de jeunes gentilshommes et d'officiers, tous bien moins remarquables par leur énorme cocarde, leur perruque blanche de poudre [1], leurs

---

[1] C'est une erreur de croire que l'usage de porter la poudre date en France du règne de Louis XV seulement.

« Sa perruque toute blanche de poudre est terminée

dentelles et leurs bagues qu'ils prenaient à tâche d'étaler, que par l'éclat de leurs rires et l'affectation de leur moquerie. On reconnaissait parmi eux le marquis de Vardes, le comte de Guiche, Roquelaure, le marquis de Rassan et beaucoup d'autres. Le vin et les liqueurs échauffaient les têtes, aussi les meilleures réputations de la cour n'étaient-elles pas épargnées.

A la suite de ces seigneurs, et en seconde ligne seulement, arrivaient quelques fanfarons de nouvelle date, qui trouvaient de bon air d'imiter de tels railleurs ; grands parleurs, menteurs indignes, faquins incommodes, de ceux-là mêmes qu'Alceste hait si fort et si bien dans *le Misanthrope*. La soif de paraître et l'ennui de n'être rien avaient jeté le baron d'Éterville dans cette humeur ; aussi ne se faisait-il faute de profiter ce soir-là de l'occasion pour frayer impudemment avec ces hauts et puissants seigneurs, ses voisins de table. Placé à côté du vicomte de Barjac, mousquetaire noir, il avait passé en revue devant lui les carrousels, les fêtes, les spectacles, s'indignant tour à tour contre Benoît, son cocher, qui ne savait jamais prendre la file au cours ; contre son eau de

succinctement par un nœud accourci. » ( Boursault, *Por traits critiques*, p. 182 )

Hongrie, qui était trop faible, et la dernière
pièce de l'hôtel de Bourgogne, à laquelle il
avait bâillé.

— Vous ne nous parlez pas, baron, reprenait
alors le mousquetaire noir d'un air goguenard,
de ce qui est pourtant votre plus beau titre de
gloire? Pour croiser l'épée contre le marquis
de Cavoie, il faut être, savez-vous, un brave
de première force!

Le baron sourit et se rengorgea de l'air d'un
paon; puis, après avoir promené son coup d'œil
sur ceux qui l'entouraient, comme s'il eût
craint d'y découvrir le marquis de Cavoie, il
reprit en jouant la discrétion :

— A ne rien celer, cela m'a mis en fort
bonne odeur près de ces dames. Vous le croirez,
messieurs, si vous le voulez... mais j'ai sur
moi certaine liste...

— Oh! pour Dieu, baron, vous me la mon-
trerez, n'est-ce pas? Je crois que vous logez à
*l'Aigle noir*, c'est là aussi que je soupe parfois
à Saint-Germain, où je m'ennuie comme un
mort. Je vous tiens pour ennemi si nous n'y
faisons demain la débauche... Notre compagnie
est de service, mais il est des accommodements
avec la discipline, et la peste m'étouffe, si vous
ne m'y donnez à souper !...

Le baron d'Éterville parut quelque peu surpris de cette façon cavalière de s'inviter ; mais comme le vicomte de Barjac passait pour n'être pas de bonne humeur tous les jours, il lui dit en le regardant entre les deux yeux, la tête déjà lourde du vin qu'il avait sablé.

— Cela pourra se faire, d'autant que j'aurai peut-être besoin d'un second ; êtes-vous d'aventure disposé à m'en servi r ?

— Toujours, reprit Barjac, dès que je puis répondre de mon homme. Vous avez donc querelle aujourd'hui ?

— Pas encore, mais je désire m'en faire une.

— Contre qui ?

— Contre ce jeune homme que vous voyez là-bas au bout de la table...

— Quoi ? ce jeune cadet, ce volontaire qui porte l'uniforme du régiment Dauphin, et qui parle à voix basse avec cette belle personne ?

— Lui-même.

— Peste ! vous les choisissez de première main. Il me semble avoir rencontré l'autre jour celui-ci à cheval dans la forêt. C'est un joli cavalier. Il se nomme ?

— Régis de Kerven.

— Le nom m'est inconnu , reprit Barjac. Et que vous a-t-il fait ?

— Rien , de par tous les diables ! répondit d'Éterville en recevant d'un valet une rasade digne de Bassompierre, mais il est sur mon chemin, et après le coup d'épée de M. de Cavoie...

— Il vous en faut un autre, n'est-ce pas? Tenez, baron, demeurez tranquille. Vous êtes un foudre de guerre, ma parole d'honneur! Êtes-vous donc tous comme cela dans votre ville d'Avranches?

Le baron ne prit pas en mauvaise part la plaisanterie du mousquetaire, mais il avait sur le cœur les paroles de madame Cornuel; il ne comprenait que trop l'influence de Régis sur mademoiselle de Pontareuc. Adroit à exagérer sa fortune et sa noblesse, M. d'Éterville portait très-haut la dépense et jouait souvent au jeu du marquis de Gèvres un jeu imprudent. Son humeur fantasque, difficile, son visage de joueur pâle et ridé en faisaient un amoureux fort incommode. Se fondant sur le procès suscité par sa famille à mademoiselle de Pontareuc, il prétendait l'épouser; curieux en équipages et en habits, il avait eu la douleur de ne pas même se voir remarquer d'elle.

— Ne trouvez-vous pas, vicomte, reprenait-il en se curant les dents d'un air fat avec l'ongle du petit doigt, qu'aujourd'hui la cour ne rend plus justice au mérite? Les gazettes nous font part des derniers choix pour la maison de la

Dauphine : quels choix et quels hommes, bon Dieu !

— Silence, baron, les murs de Saint-Germain ont des oreilles, reprit Barjac ; vous avez le vin mauvais aujourd'hui : montrez-moi plutôt la liste de vos maîtresses. On en est au fruit, et voici beaucoup de convives qui nous délaissent.

Plusieurs tables étaient déjà vides, en effet, les lumières se mouraient aux branches des candélabres, le bruit des carrosses ébranlait le pavé de la cour d'honneur.

— Vous le voyez, Berthe, M. de Cavoie ne revient pas, murmura Régis ; il faut que Sa Majesté l'entretienne de quelque objet important.

— Ou que mademoiselle de Coëtlogon l'ait emprisonné à double tour, reprit malicieusement madame Cornuel. Mais il se fait tard, et Berthe a besoin de repos. Nous devons regagner Paris à l'instant même ; notre carrosse est tout prêt.

Et Dieu veuille, dit Berthe, que nous ne trouvions pas de mauvaises nouvelles ! Je ne sais pourquoi je tremble : oui, j'ai pris cette fête en haine, quittons-la. En ce lieu cependant, ajouta la naïve enfant, je laisse tous mes rêves de bonheur. Je vous ai tenu à mon bras pendant cette nuit, Régis ; chacun nous regardait comme si nous étions nous-mêmes deux fiancés. Fiancés! le sommes-nous? Une autre femme ne m'a-t-elle pas pris votre cœur? À vos distractions continuelles, à votre mélancolie inexplicable, je croirais vraiment que vous n'avez plus de moi qu'un souvenir vague et timide. Ce monde tumultueux vous éblouit, vous fascine; vous allez demain vous retrouver au milieu de la vie des camps, vie menacée, terrible, où je tremble toujours que vous ne rencontriez la mort ailleurs que sur un champ de bataille!

— Mon père n'est-il donc pas mort au service du roi? reprit Régis. Ah! j'envie son sort, murmura-t-il avec une sorte de mélancolie égarée. Son regard avait perdu la douceur de son expression habituelle, il semblait regretter une félicité impossible.

— Vous êtes bien cruel pour ceux qui vous aiment, Régis, vous brisez leur cœur impitoyablement; vous les tuez!

Une larme roula dans les yeux de Berthe, son cœur battait avec violence.

— Vous aimez quelqu'un? lui dit-elle; vous êtes malheureux?

Cette question, et surtout le ton douloureux avec lequel elle fut prononcée, rappelèrent Régis à lui-même. Il essaya de sourire, et, pressant dans ses mains les mains de l'ange dont la tendresse ne pouvait mentir, il s'efforça de lui persuader qu'il était maitre de son choix, qu'il n'avait engagé sa liberté dans aucune affection. En se mentant à lui-même, le jeune homme se relevait à ses yeux de tout le bonheur qu'il faisait passer insensiblement dans l'âme de Berthe; c'était la fleur desséchée qu'abreuve l'onde de la source; il lui permettait d'être heureuse et d'appuyer sa tête sur son cœur. Mademoiselle de Pontareuc franchissait alors par la pensée l'espace qui la séparait de ces lieux où pour la première fois elle avait connu Régis; elle le retrouvait au milieu des harmonies suaves de sa belle et douce Bretagne, partageant avec elle son recueillement et sa solitude. Elle entrevoyait même au fond de cet amour je ne sais quelle mission austère et sainte; son cœur, ses yeux, sa voix se troublaient devant ce jeune gentilhomme, le dernier de sa maison. Les femmes seules ont le don de percer les voiles de l'avenir, et la destinée de Régis paraissait à Berthe empreinte d'une tristesse confuse. S'arrachant à sa contemplation, elle traversa bientôt la galerie devenue fort tumultueuse en cet instant où les voix les plus dissonantes se mêlaient. D'Éterville n'avait rien perdu des mouvements de Régis; voyant le Breton arrêté un instant par la foule qui se pressait dans la galerie, il poussa le coude à Barjac.

— Eh bien! cher vicomte, dit-il à voix haute, que pensez-vous de ma liste? Les commerces galants deviennent à la mode, n'est-ce pas, messieurs? continua d'Éterville en se tournant vers plusieurs gentilshommes qui trinquaient. C'est par ordre de dates, ajouta le baron : Madame de Châtillon avec M. le prince; madame de Ventadour, la sainte, avec son archevêque; madame de Luynes et le président de Tambonneau; madame de Monaco avec Péquilin; madame de Soubise...

— Silence! imprudent, interrompit Barjac, ignorez-vous ce qui s'est dit ce soir?... Le bruit se répand que madame de Soubise...

— N'a en ce moment que deux consolateurs, n'est-ce pas? continua d'Éterville, un colonel et un cadet de Bretagne... Elle avait quitté les Carmélites, à ce qu'on assure, pour venir...

— Plus bas, M. d'Éterville, plus bas! dit Barjac en lui mettant la main sur la bouche; c'est une affaire d'État que vous vous faites.

— C'est une affaire d'honneur, dit froidement Régis en se dégageant du bras de Berthe et en faisant un pas vers le baron. M. d'Éterville est un lâche!

— Lâche! murmura le baron en poussant le

coude à Barjac, c'est parfait, il m'a compris.

— J'appelle un lâche, reprit Régis, tout homme qui insulte une femme en l'absence de son mari... Baron d'Éterville, vous avez déjà fait une promenade avec M. de Cavoie, vous paraissez l'avoir oubliée ; je me charge, moi, de vous la rappeler... A ce soir, sous les murs du jardin du Val...

— Si près du château ! y songez-vous, monsieur ? reprit le vicomte de Barjac, prenons plutôt la route nouvellement percée dans la forêt, près du poteau de la Vénerie.

— Soit, M. le vicomte, vous m'y trouverez à six heures du soir. J'ai quelques affaires à régler d'ici là ; ne servez-vous pas de second à M. d'Éterville ?

Barjac fit un signe de tête affirmatif.

— Moi, je trouverai le mien ici. C'est convenu. A six heures.

— A six heures, répétèrent Barjac et d'Éterville en se levant de table au milieu du tumulte et des conversations de la foule. Régis courut à Berthe, elle était tombée à demi défaillante dans les bras de madame Cornuel. Un nuage flottait devant ses yeux, des pleurs étouffaient sa voix. Pour la première fois elle venait de lire dans l'âme de Régis, elle s'était emparée de son secret. Pâle, épuisée, elle n'entendit bientôt plus rien de tout le mouvement qui se faisait autour d'elle. Régis et M. de Villequier la portèrent jusqu'à son carrosse. Un jour grisâtre éclairait déjà la cour ; les piqueurs, les valets et les cochers se croisaient en mille sens. Quand mademoiselle Berthe de Pontareuc rouvrit les yeux, elle se trouvait sur la route de Paris ; le froid était vif, le sol couvert de rosée. Dans le brouillard opaque dont le réseau s'étendait sur le chemin, elle crut voir à plusieurs reprises le manteau d'un cavalier regagnant Paris à toute bride ; ce cavalier ressemblait à Régis. Elle se persuada bientôt à elle-même que ce n'était qu'une illusion, madame Cornuel l'ayant assurée que c'était un courrier de M. le duc de Bourbon.

**XI**

C'était bien Régis qui courait cependant devant le carrosse, ou plutôt qui le fuyait. Il l'eut vite dépassé, car il montait un des meilleurs chevaux du marquis.

Tout le temps de cette course rapide, haletante, mille idées tumultueuses se croisaient dans son esprit, il se croyait encore sous l'empire d'un rêve, il voyait chaque figure de ce bal passer et repasser devant lui dans une sorte de tourbillon fantastique. L'insolence de d'Éterville, la douleur de Berthe, l'absence de madame de Soubise, tous ces ressouvenirs l'assiégeaient. Une seule pensée dominait pourtant toutes les autres, celle de revoir l'objet de son culte le plus ardent, le plus insensé peut-être... Il y avait pour lui un véritable orgueil à songer qu'il n'était pas même attendu !

Depuis cette dernière lettre datée du couvent des Carmélites et que lui avait remise madame de Rochefort, Régis n'avait reçu aucune nouvelle de la princesse; aucun bruit, aucun soupçon, n'était venu le mettre sur la trace de ses démarches. M. de Cavoie affectait d'être depuis longtemps d'une froideur presque sévère avec lui, il éludait les questions de Régis et ne manquait pas de tourner les vues du Breton vers mademoiselle Berthe de Pontareuc. Son affection pour le jeune homme était loin cependant de s'être affaiblie ; il avait pour Régis cette amitié fraternelle qui pardonne beaucoup ; jamais le marquis ne lui avait fait sentir le colonel du régiment Dauphin. Volontaire à ce régiment dans toute l'acception du mot, Régis y avait pu bien vite reprendre en toute liberté la vie taciturne et solitaire qu'il menait en Bretagne ; il se perdait souvent avec amour dans l'immense forêt de Saint-Germain, où il n'eût tenu qu'à lui de se croire encore dans quelque bois sauvage d'un vieux château de la Loire.

Ces branchages d'hiver diaprés de toutes les belles couleurs du soleil couchant, ces traînées de mousse perdues çà et là sous les bouleaux, ces voix timides des oiseaux effrayés du bruit de la meute, du son du cor ou de la fuite des coursiers, il les connaissait et les recherchait avec délices dans sa tristesse ; ce n'était que là qu'il écoutait battre son cœur. Ses études militaires se bornaient à voir quelques manœuvres, à éviter les apprentissages de débauche que lui proposaient ses camarades, à courir à cheval avec M. de Cavoie, et à ne dîner qu'à sa table. D'un caractère sombre et peu communicatif, il n'avait osé employer personne pour l'aider dans un amour où lui-même comprenait qu'il brisait inutilement, depuis plus de deux mois, son cœur et ses forces ; une fois seulement il était allé chez la Voisin.

La poche du jeune cadet était loin d'être garnie, et à la seule vue du modeste écu de six livres jeté par Régis sur le tapis de la devineresse, à sa tournure rude et sentant la province, la sibylle s'était promis de ne pas lui faire le grand jeu. Toutefois sa main dédaigneuse n'en avait pas moins mêlé les tarots pour notre Breton, mais sa prédiction s'était circonscrite en ces trois annonces :

« — Duel,

« — Amour,

« — Voyage. »

Si banales qu'elles fussent, la première de
ces prédictions s'accomplissait. Régis allait se
battre contre un homme pour qui le duel était
un jeu, un homme qui avait croisé le fer avec
Cavoie. Sa première pensée, après le défi, avait
été de chercher le marquis ; Cavoie lui manquait : il n'avait point vu l'insulte, il ne l'avait
pas vu brave ! Il y a toujours, en dépit des
phraseurs, un certain bonheur, il y a mieux,
un orgueil vrai à se montrer noble devant un
ami. Une seule considération était venue toutefois arrêter Régis au moment où il se disposait à
parler au colonel. Cavoie, en sa qualité de
mentor, ne lui interdirait-il point cette rencontre? Convenait-il d'ailleurs d'exposer une
seconde fois le marquis à la Bastille ? Régis se
résolut à affronter seul les chances de cette
affaire ; il espérait trouver aisément un second
malgré la rigueur des édits. En partant, il
s'était contenté d'écrire un mot à Cavoie. Dans
ces quelques lignes tracées au crayon, Régis
mandait au colonel qu'une affaire pressée l'obli-
geait d'aller une partie du jour à Paris, mais
qu'il serait revenu le soir pour son service. Ses
habitudes de circonspection avec Cavoie lui
permettaient de ne pas lui en dire davantage ; il

se flattait donc que le colonel ne soupçonnerait pas la vérité.

— Je vais donc la revoir, pensait-il en s'abandonnant à toute la fièvre de son délire, je vais revoir cette femme qu'un fat accuse et que nul, excepté moi, n'a défendue ! En vérité, j'ai peu recherché le sens de cette injure qui a fait bouillonner mon sang ; je n'ai compris qu'une chose, c'est qu'on l'attaquait, elle si pure, elle absente ! Je me demande encore ce que venait faire dans la bouche de ce d'Éterville mon nom accolé au sien ! Serait-ce donc une nécessité de votre Providence, ô mon Dieu! que ces deux noms eussent quelque rapport? D'où vient alors que je tremble moi-même de les unir? d'où vient que j'éprouve à l'idée de la revoir je ne sais quel trouble et quel effroi?

A peine arrivé, le jeune homme courut aux Grandes-Carmélites ; il fut étonné de n'y point trouver celle qu'il demanda à la mère Agnès.

— Madame de Soubise nous a quittées depuis quinze jours, monsieur ; la princesse habite à cette heure son hôtel de la rue du Chaume.

Régis tressaillit, il ne pouvait s'expliquer à lui-même pourquoi il eût mieux aimé trouver madame de Soubise sous les ombres d'un cloître et dans le recueillement de la solitude qu'au milieu du luxe et de l'éclat dont elle devait se voir entourée. Son cheval eut bientôt franchi l'espace qui le séparait de ce quartier. Il tombait une pluie froide mêlée de neige. Dix heures du matin sonnaient à l'horloge des Blancs-Manteaux, quand il se retrouva devant cette même façade de l'hôtel de Soubise qui regarde presque la paroisse; c'était pour la seconde fois de sa vie qu'il se voyait en cette rue. Un sourire triste erra sur ses lèvres, Régis se rappelait la rencontre qu'il y avait faite. Les passants étaient rares, tous avaient le nez dans leur manteau. Notre Breton arrêta son cheval et tira le pied de biche de la grille; un concierge à grande livrée vint lui ouvrir.

— Madame la princesse déjeune au Temple, elle ne recevra pas avant midi, lui dit cet homme; si pourtant monsieur lui apportait quelque message de la cour, elle m'a donné ordre de faire attendre chez elle...

Régis de Kerven rougit; le ton solennel du concierge lui avait fait jeter involontairement un coup d'œil sur sa toilette. Des mouchetures de boue marquaient son justaucorps en vingt endroits; ses dentelles, ses rubans de bal, étaient fanés et trempés de la pluie; il dit au concierge d'appeler un valet de pied et de mettre son cheval à l'écurie. Cela fait, il entra dans la logette du suisse, et, en se regardant dans une

glace pendue à la cheminée, il eut presque peur
de lui-même, tant il était pâle. Régis n'était pas
le premier amoureux qui, arrivé au terme de
la course, conçoive la pensée de reculer ; il
commençait à croire à la brusquerie de sa démarche. Le suisse le regardait se promener à
grands pas.

— Monsieur veut-il que j'appelle Ambroise,
le frater de notre quartier ? il l'accommodera
en un clin d'œil. Monsieur vient de Saint-Germain, j'en suis bien sûr ?

Régis ne répondit pas, il se contenta de se
sécher de son mieux à la cheminée, regardant
d'un œil lourd et accablé, par l'unique fenêtre
de la loge, les personnes qui entraient et sor-
taient de l'église des Blancs-Manteaux. Trois
mois s'étaient à peine écoulés depuis la vision
imprévue qu'il avait trouvée devant cette porte,
trois mois d'amour et de mélancolie stériles,
trois mois qui laissaient sur son cœur une empreinte aussi brûlante que la flamme. Chimère
ou réalité, cette passion aveugle l'absorbait, et,
dans ce moment même, il lui semblait revoir
tournoyer devant ses yeux les mille morceaux de
cette confession qu'il avait ramassés d'une
main tremblante. Le front penché sur sa poitrine, il écoutait de nouveau le bruit du carrosse qui avait emporté madame de Soubise, et

l'ardent jeune homme soulevait en idée le voile
noir qui lui cachait cet ange au passage si rapide. Tout à coup il demeura pétrifié en voyant
sortir du portail des Blancs-Manteaux une femme
dont les coiffes étaient pareillement abaissées
et qui marchait vers la grille de l'hôtel d'un pas
résolu. Elle n'avait pas encore touché la son-
nette que Régis reconnut les cheveux et la taille
de Berthe ; le Breton se trouva vis-à-vis d'elle
avant même qu'il eût pu la fuir.

— Vous ici ! balbutia mademoiselle de Pontareuc, vous ici ! je ne m'étais pas trompée !

Le visage de Berthe semblait aussi blanc que
la cire, ses yeux étaient humides, son sein oppressé. Le concierge lui présenta un fauteuil.
Elle s'y jeta comme si la force lui manquait. La
malheureuse enfant n'osait parler. Le suisse le
comprit, et il se retira dans une petite chambre
voisine de la loge. Les âmes les plus communes
ont un instinct admirable pour ménager la douleur de ceux qui souffrent. Régis demeurait
immobile, ses bras pendaient, et il respirait à
peine. Berthe de Pontareuc tira de son sein une
lettre scellée d'un cachet noir. Avant de la
tendre au jeune homme, elle le regarda avec
une singulière expression de pitié. Un chagrin
affreux brisait son âme, mais il y avait dans ce
chagrin même un rayon d'orgueil et d'espérance.

— Régis, lui dit-elle en touchant son bras de ses doigts tremblants, le secret de votre amour était facile à pénétrer, mais celui-ci n'appartenait qu'à Dieu seul. Recueillez toutes les forces de votre cœur, ce que vous allez lire ne me venge que trop de la préférence que vous donnez à une autre ! Oui, j'ai bien lutté, j'ai bien souffert dans ce bal... à ce souper... mais je ne m'attendais pas à trouver en rentrant une arme aussi terrible contre une rivale. Lisez ceci, lisez !

Régis parcourut la lettre : il s'arrêta bientôt, le front livide, l'œil hagard. Un nuage pesait sur sa vue ; il eut pourtant la force de continuer. En tenant le papier, ses mains étaient inondées d'une sueur froide. La lettre portait le timbre d'une petite ville de Bretagne ; elle était signée par la baronne de Morlac, qui l'avait écrite à son lit de mort. Le jeune homme, consterné, n'avait pas sur les lèvres une seule parole ; en revanche, son corps était agité d'un tremblement convulsif, ses genoux ployaient sous lui. Berthe l'examinait elle-même avec angoisse ; elle savait la portée du coup que Régis allait recevoir.

En ce moment même le bruit d'un carrosse retentit dans la première cour de l'hôtel, mais du côté opposé à celui où il se trouvait ; l'une de ses quatre portes s'ouvrit, et le suisse, sortant

à ce bruit de la chambre voisine, se hâta de prévenir Régis que madame de Soubise était
rentrée.

Ce nom tira le jeune homme de sa stupeur;
il replia la lettre, et, se dirigeant vers la cour,
il serra la main de Berthe.

— Que faites-vous, Régis? lui dit-elle en
l'arrêtant; où courez-vous? Ne voyez-vous donc
pas qu'il y a maintenant un abîme entre vous
et cette femme? La lettre que vous venez de
lire ne vous dit-elle pas...?

— Que je suis un malheureux, un insensé!...
Oui, Berthe, oui, cela est vrai, s'écria Régis en
l'étreignant avec tristesse dans ses bras ; mais
il me sera du moins permis de lui apprendre à
elle-même tout ce que je souffre. Je veux, je dois
ici l'interroger, elle a à me répondre de *quelqu'un*, vous le savez!

L'expression hautaine avec laquelle Régis
prononça ces paroles sembla rendre quelque espoir à la jeune fille ; mais elle eût voulu le retenir, et ne le vit pas sans une profonde tristesse se dégager de ses bras par un mouvement
rapide. Cette entrevue du jeune homme avec la
princesse lui semblait devoir amener un nouveau malheur.

— Régis, lui dit la chagrine enfant, en prenant sur elle de ne plus douter, je ne vous re-

tiens pas, allez près de cette femme ; je n'ai plus peur, à présent, que vous l'aimiez !

Et ses yeux affectaient une assurance qui était bien loin de son cœur.

— Vous avez raison, reprit-elle, voyez-la pour la quitter, pour lui dire que tout vous sépare... Je rejoins madame Cornuel à l'église des Blancs-Manteaux... Dieu seul m'entendra, Régis. Vous, songez que là-haut, reprit-elle en montrant le ciel, votre père attend et vous écoute !

Elle franchit alors le seuil de l'hôtel ; Régis traversa les cours et monta le grand escalier qui conduisait aux appartements.

# XII

Introduit devant la princesse, Régis s'arrêta
d'abord en proie à mille pensées; il ne put ar-
ticuler une seule parole. La beauté souveraine
de madame de Soubise l'intimidait. Couchée à
demi sur un divan, rayonnante de grâce et
d'éclat, elle caressait de la main sa levrette favorite; un petit noir se tenait à ses pieds sur
un coussin. La princesse était vêtue à la sul-
tane, avec une magnifique jupe à échelle de
pierreries et une ceinture de perles; ses bras
et sa poitrine étaient nus, ses joues recouvertes

d'un fard léger. Deux de ses filles venaient de déployer devant elle plusieurs habits magnifiques ; ses écrins demeuraient ouverts sur sa toilette ; son masque, ses gants, son manchon, étaient sur la cheminée de l'appartement. En vérité, on eût dit qu'elle revenait d'une fête ou que le soir même elle comptait s'y rendre, à voir l'aspect animé de cette demeure qui offrait à Régis un contraste si frappant avec le sombre château de MM. de Luynes.

Le nom seul du jeune homme prononcé par l'un des laquais jeta un trouble étrange dans cette paisible scène de boudoir. La princesse, en entendant annoncer Régis, congédia ses femmes et son noir ; elle ne se leva pas, mais quand le Breton entra, il put juger, à la seule contenance de la princesse, du désordre de ses pensées et de l'étonnement mêlé d'effroi que sa présence lui causait.

— Vous ici ! murmura-t-elle ; vous ici, Régis ! Quoi ! sans m'avoir prévenue ? Qu'avez-vous à me dire et que s'est-il donc passé ? Venez-vous de Saint-Germain ?

— Oui, madame ; j'y ai vu le bal ; j'étais avec M. de Cavoie. Il s'est passé là une chose qui vous regarde...

— Qui me regarde ? reprit-elle avec une singulière expression de crainte qui échappa au jeune homme ; et qui donc a pu s'occuper de moi en mon absence ?

— Un désœuvré de la cour, un lâche qui a osé parler de vous en termes offensants ; je n'avais, je le sais, aucun droit à vous défendre, mais en l'absence de votre mari...

— Vous m'effrayez, Régis ; poursuivez, dites-moi le nom de cet homme.

— Le baron d'Éterville.

— Je ne le connais même pas.

— N'importe, il vous insultait ; je l'ai provoqué, et ce soir nous nous battons.

— Vous vous battez, Régis ! s'écria-t-elle en se levant avec terreur ; vous vous battez, dites-vous ? et pour moi, grand Dieu ! pour moi ! Non, cela ne peut être ; oh ! cela ne sera pas !

Et, comme une sœur éplorée, elle s'était suspendue au cou du jeune homme ; elle passa la main dans les cheveux de Régis, et elle les sentit mouillés d'une sueur froide.

— Régis, lui dit-elle, encore une fois, vous ne vous exposerez pas pour moi ; vous ne vous battrez pas... Je ne le mérite pas, Régis !

Elle s'était caché le front dans ses mains, et elle avait laissé tomber sa tête, à demi noyée dans ses longs cheveux, sur la poitrine de Régis. Le jeune homme la releva, et, se dégageant doucement de son étreinte :

15.

— Vous venez de vous accuser, lui dit-il avec amertume, il vous fallait ma présence pour vous arracher cet aveu. Rassurez-vous, madame, en mettant le pied dans cette chambre je savais tout.

Elle le regarda avec une mortelle angoisse, s'attendant peut-être alors à ce rire cruel qui perce l'âme bien mieux qu'un poignard, à ces railleries détournées dont à la cour on est prodigue pour celles qui tombent. Régis ne la laissa pas longtemps dans l'erreur, et, la rappelant violemment à un autre ordre d'idées :

— Qu'avez-vous fait de mon père ? lui demanda-t-il en tirant de son sein la lettre que Berthe lui avait remise.

— De... votre... père ? balbutia-t-elle égarée, et comme si elle eût vu se dresser devant elle un aspic caché jusque-là sous la pierre. En vérité, monsieur, je ne sais pourquoi vous m'interrogez... j'ignore ce que cette lettre...

— Je vais vous l'apprendre, poursuivit Régis en la regardant avec le front sévère d'un juge ; voici ce que ma tante, la baronne de Morlac, m'écrit à son lit de mort ; à son lit de mort, entendez-vous, madame ? et, si près de mourir, on ne ment pas !

— Donnez, dit-elle, donnez, je lirai moi-même ma sentence. Pitié pour une coupable,

Régis, pitié pour moi ! j'ai assez pleuré ma faute devant Dieu !

— Lisez donc, lisez, murmura le jeune homme avec un sombre désespoir. La femme qui a tracé ces lignes m'a tenu lieu de mère, vous le savez.

Madame de Soubise s'approcha de la fenêtre, et, s'appuyant d'une main tremblante sur l'espagnolette, elle lut :

« Vous ne m'avez point écrit depuis plus de cinq semaines, Régis ; j'ai su par une amie dévouée ce qui vous occupe au point de bannir mon image de votre esprit. Vous aimez, Régis, une femme qui ne vous aime pas, que vous ne devez point aimer. Eût-elle reçu en partage tous les dons qui font chérir, il y a, Régis, une tache sanglante sur son front, une tombe entre vous deux. Cette tombe est celle de votre père, la main de cette femme l'a creusée. Tant que j'ai vécu, je m'étais promis de ne pas ouvrir la bouche sur un tel secret, j'espérais que la mauvaise étoile des Kerven ne luirait pas sur leur dernier rejeton. Dans la crainte de vous voir succomber un jour, comme votre père, à la haine invétérée de notre famille contre celle des Chabot-Rohan, je m'étais fait une loi de ne jamais vous entretenir de la mort du baron de Kerven, votre père ; la femme dont vous vous

êtes fait l'esclave avec tant d'empressement est
la fille du duc de Chabot, l'ennemi déclaré,
l'assassin de votre père! Le baron de Kerven
n'est pas mort *au service du roi*, c'est un mensonge. Prête à paraître devant Dieu, j'ai dû
parler, Régis, mais je m'arrête... Si cette femme
conserve un peu de cœur, vous obtiendrez
d'elle une confession pleine et sincère; si elle
vous la refuse, cette lettre et mon témoignage
vous suffisent pour la juger. Régis, vous êtes
noble, vous portez au côté l'épée des Kerven,
le sang de votre père parlera plus haut que la
voix d'une mourante... Regardez votre bague,
elle a la même devise que celle de votre père :
*Haud immemor.* Vivez, Régis, vivez, mais
souvenez-vous ! »

Madame de Soubise trouva encore assez de
forces pour faire un pas vers Régis, et elle lui
rendit la lettre. Le jeune homme la reçut froidement, il semblait qu'il eût alors une mission
lugubre à remplir. Chancelante sous le poids
de sa douleur et peut-être de ses remords, madame de Soubise s'assit; elle évitait le regard
de Régis comme l'accusé évite celui de son
juge.

— Je suis prêt, madame, dit-il après une
pause glacée de quelques secondes, j'attends
votre confession. Vous venez d'entendre l'appel

qu'une femme mourante fait à votre loyauté ; aurais-je besoin d'ajouter que celui qui vit, et dont vous avez pourtant brisé l'existence, a plus de droits encore à la franchise de vos aveux ? J'assiste ici, je le sens, à une lamentable tragédie de famille ; mais, quel que soit le rôle que l'on vous y ait donné, il faut me le dérouler sans réticence ni mensonge. Ce n'est plus un amant, c'est un fils qui vous écoute. Encore une fois, madame, qu'avez-vous fait du chef de ma famille ? qu'avez-vous fait de mon père ?

— Vous le saurez, dit-elle, en voyant à la seule voix de Régis que l'assaut le plus cruel se livrait alors, dans l'âme du jeune homme, entre son amour et sa douleur ; vous le saurez et je vous parlerai comme à un prêtre. Seulement, Régis, soyez pour moi un ministre de pitié au lieu d'être un messager de châtiment ; dites-vous surtout que j'ai accompli moi-même une destinée cruelle et fatale, celle de ma maison, dont le génie m'a toujours apparu sous la forme d'un mauvais ange. Hélas ! les moindres détails de ce récit sont gravés trop avant dans ma mémoire pour qu'ils me fassent défaut : aucun d'eux ne sera perdu pour vous, noble et triste orphelin, que j'eusse tant voulu nommer mon frère !

Elle s'arrêta ; elle avait prononcé ces mots avec un son de voix et un regard qui devaient jeter au cœur de Régis le germe d'une pitié tendre. Cependant il ne laissa échapper aucun geste qui pût le trahir, et madame de Soubise se vit forcée de poursuivre. Elle le fit ainsi après avoir regardé l'image d'un Christ en ivoire, sur lequel elle tint les yeux fixés comme pour lui demander que son cœur ne se brisât point.

« — Vous ignorez, Régis, ma naissance et ma famille. Assez d'autres vous entretiendront de ma noblesse, je ne veux vous parler que de mon malheur. Il fut grand, croyez-le ; car la mère qui me donna le jour venait elle-même de se voir maudite par sa mère, maudite pour un crime qui, peut-être, n'était pas le sien, mais que l'opinion lui attribue. Mariée à un simple gentilhomme, le comte Henri de Chabot, elle lui apportait en dot tous les grands biens de la famille de Rohan ; bientôt elle l'éleva jusqu'à elle, et il fut fait duc et pair. Sa fortune rapide, et surtout la fin tragique du jeune Tancrède de Rohan, regardé par les uns comme le frère de ma mère, par d'autres comme un enfant supposé, lui avaient fait grand nombre d'ennemis. Plusieurs gentilshommes appuyaient les prétentions de Tancrède, et tous ils avaient signé la pétition par laquelle ce jeune homme, digne assurément d'un meilleur sort, revendiquait devant le parlement ses droits et ses titres. Presque tous étaient Bretons, et Tancrède comptait sur leur appui ; ils lui avaient juré de le mettre en possession de ses domaines. La guerre de Paris termina ce grand procès. Tancrède périt à Vincennes, mon père triompha, mais ses ennemis n'en devinrent que plus terribles. A leur tête était un noble de résolution et de bravoure, un gentilhomme huguenot, page de feu M. de Rohan le grand capitaine, et qui conservait pour madame de Rohan la mère un dévouement et un zèle à toute épreuve. Ce gentilhomme, c'était votre père, Régis ; il avait d'avance irrité le mien par ses hauteurs, ses railleries, ses discours ; il soutenait partout qu'il avait fait enlever le jeune Tancrède encore enfant, pour le rayer violemment du livre de la noblesse de France et le ravir à la tendresse de sa mère, afin d'hériter seul de ses biens. La nouvelle duchesse de Rohan, ma mère, n'était pas elle-même à l'abri de ses sarcasmes. Il poussait le culte de son ancien maître, ou la haine contre mon père, jusqu'à signer au bas de chacune de ses lettres : *Le baron de Kerven, un des vrais Bretons des vrais Rohan.* Le jour même de la mort de Tancrède, il se fit habiller de

deuil, rasa ses cheveux et se présenta à la
porte des états de Bretagne, disant que, puisqu'on s'apprêtait à recevoir le nouveau duc de
Rohan, il ne voulait pas manquer cette occasion de voir un lâche. Tous ces propos arrivè-
rent en droite ligne à la cour. Ruvigny, l'un
des ennemis les plus ardents de mon père, ne
manqua pas de les rapporter au duc de Chabot
lui-même. Sur ces entrefaites, il fut décidé que
mon père présiderait l'année suivante les états
de Bretagne, qu'il ferait un séjour dans cette
province tant pour se faire reconnaître que
pour s'acquérir des amis... Ma mère était souffrante, et je fus seule du voyage. J'avais près
de moi une vieille Bretonne pour gouvernante;
elle avait assisté au mariage et à l'abjuration
de ma mère : ce fut à cette femme que l'on me
confia pour visiter mes tantes dans leurs châ-
teaux de Bretagne. J'étais ivre de joie, palpitante de désir, moi confinée jusque-là dans les
murs d'un vaste hôtel, et qui ne voyais guère
que des parentes sévères et hautaines comme la
comtesse de Fiesque et mademoiselle d'Haucourt. L'aspect de l'horizon, d'une ferme, d'un
vieux château, me faisait battre le cœur. J'avais
alors seize ans, mais j'étais aussi décidée qu'à
vingt : le secret de cette décision consistait
dans mes souffrances. Oui, quoique jeune,

Régis, j'avais déjà souffert de cette torture morale qu'on nomme la honte ; quoique jeune,
j'avais eu le temps de ramasser autour de moi
ces mille injures détournées qui font la pâture
des envieux. Quand mon père me donnait la
main, à moi, tout enfant, pour me conduire
au lever du roi, j'avais entendu circuler sur
mon passage cette phrase sourde dans les gale-
ries du Louvre : « Voilà une petite fille dont
la maison est bien neuve ! » Pardonnez des souvenirs qui vous sembleront futiles ; mais, un
jour à Sully, un valet du château demanda un
plat pour mon père, M. le duc de Rohan. Le
vieux cuisinier de feu M. de Sully répondit
aigrement : « Que M. le duc de Rohan était
mort, et que les morts n'avaient que faire de
manger. » Je ne vous cite ce trait que pour
vous faire voir qu'on m'avait appris de bonne
heure à douter de moi-même et de mon nom;
et cependant, Régis, je sentais en moi la conscience de ma noblesse, je trouvais dans ma
nature tous les instincts fougueux de l'orgueil.
Funestes germes déposés en moi par une mère
dont la domination ambitieuse est encore présente à ma pensée ! Voix fatales qui deviennent un jour l'ascendant le plus tyrannique de
l'âme ! Plaisirs menteurs auxquels j'aspirais dès
le début de la vie ! J'accusais le ciel en me

voyant contester ainsi tous les biens qui m'é-
taient dus, les honneurs, l'éclat du nom et de
la fortune. La plaie faite à mon cœur devenait
plus profonde de jour en jour. Pouvais-je oublier
que ma maison était alliée avec toutes les maisons souveraines de l'Europe? Les caresses les
plus ordinaires m'avaient presque été refusées
dès mon berceau; ma mère était chagrine de
ma naissance, car elle espérait un fils; mon
père me parlait à peine aux heures des repas,
encore me traitait-il d'un air de hauteur et de
sévérité qui m'imposait. Aigrie par l'ennui, la
persécution, le dédain, je n'ouvrais guère mon
cœur qu'à ma vieille gouvernante. La joie ne
tarda pas à rayonner sur ses traits, quand
nous arrivâmes au château de Clisson, près de
Nantes. C'était à Clisson qu'elle était née, ce do-
maine était celui de notre famille, mon père
n'y devait séjourner que peu de jours avant de
se présenter aux états.

« Vous dirai-je ici, Régis, quelles impressions
fit naître en moi l'aspect sévère de ce château
de Bretagne, dont les masses noires dominaient
la Sèvre? Vous devez connaître Clisson aussi
bien que moi; vous vous rappelez ses murs à
créneaux, ses cintres, ses dentelures sarrasi-
nes : Clisson n'est pas un château, c'est une
forteresse armée de tours. Lorsque nous arri-

vâmes, le soleil se couchait, derrière le manoir,
dans un grand linceul de vapeurs rouges ;
j'éprouvai alors je ne sais quelle frayeur su-
perstitieuse, je crus entrevoir du sang. C'était
un dimanche, et ce jour, si joyeux aux champs
pour l'ordinaire, me sembla voilé de deuil.
Aucun son d'instruments dans le village bâti
au pied du château, aucun paysan sur les
lisières fleuries de la route ; les oiseaux mêmes
se taisaient dans les églantines et les sorbiers ;
on eût dit qu'ils avaient peur. Les domestiques
du château vinrent seuls au-devant de nous ;
ils m'étaient tous inconnus. Mon père descendit le premier, me prit par la main et me conduisit dans une grande chambre placée à l'aile
droite du château. Cette chambre isolée n'avait,
pour tout ameublement qu'une vieille épinette
et quelques portraits. Je fus près de pleurer
en la voyant, et je courus bien vite à la fenêtre :
elle donnait sur la Sèvre, et je me penchai pour
regarder. J'avais entendu parler de cette belle
vallée qu'on nomme la *Prairie du-Tournoi*, et
dans laquelle les paladins s'essayaient sous
les yeux de leurs dames. J'espérais tant de
bonheur de ces eaux limpides, de ce gazon
toujours vert, de ces arbres touffus et séculaires formant un dais pour les danses du village ! Ce jour-là pourtant il n'y avait point de

danses , aucun chevrier ne passait par la prairie avec son chapeau garni d'œillets. La vue
d'un saule pleureur ne m'eût pas plus attristée
que ce paysage ; je refermai la fenêtre en gron-
dant ma gouvernante de m'avoir fait sa Bretagne si gaie. Elle eut beau me conter les légen-
des merveilleuses de ce château , je le trouvai
plus morne et plus désolé qu'un cloître.

« Le lendemain , ma porte s'ouvrit ; mon père
entra chez moi , brodé et paré admirablement ;
il se rendait à Nantes avec sept ou huit seigneurs
du voisinage. Ces gentilshommes , qu'il me
présenta au déjeuner , me parurent tristes et
embarrassés de leur contenance. Tout en assurant mon père du plaisir que sa venue devait
causer aux habitants de Clisson , ils ne purent
lui dissimuler que son parti devenait de jour
en jour plus faible ; ils parlèrent de ménage-
ments et de prudence , disant que les troubles
de Bretagne paraissaient plus sérieux de jour en
jour. Quand mon père sortit pour se rendre à
Nantes avec ce rare cortége , je remarquai qu'ils
lui firent passer une cuirasse sous son pour-
point, et qu'au lieu de prendre par la poterne
qui communique au village , ils se firent ouvrir
par l'un de nos gardes un passage secret sur
la campagne. Ces dispositions étaient de nature
à m'effrayer ; cependant , le soir même , je vis

revenir mon père aussi calme que d'habitude ;
son souper fini, il signa seulement plusieurs
ordres pour cette province dont il avait le gouvernement, ses messagers partirent, et je n'en
sus pas davantage.

« Un matin, nous étions alors au mois de mai,
et j'étais descendue avec Brigitte, ma gouvernante, cueillir quelques fleurs à l'extrémité
du parc, lorsque je découvris, près d'un massif
de lilas, un bâtiment isolé que je n'avais pas
encore vu. Son extérieur presque formidable
me frappa : il était flanqué de fenêtres à treillis
de fer, et formait le milieu d'une petite cour
où l'herbe poussait dans chaque jointure de la
pierre. D'énormes verrous fermaient ses portes
plaquées de larges bandes de clous ; le milieu
des portes était de niveau avec le sol, et on
n'arrivait au seuil qu'en descendant plusieurs
marches. En me baissant pour examiner ces
degrés, je vis une couleuvre endormie sur la
pierre. Je poussai un cri, ma gouvernante ac-
courut, et la couleuvre s'enfuit sous les her-
bes.

« — Quel est ce bâtiment ? demandai-je à
Brigitte.

« Les prisons de Clisson, reprit-elle ; MM. de
Rohan en sont les hauts justiciers. En ce moment, elles sont vides. Depuis l'arrestation du

16.

comte de Chalais, tous les jugements se font à
Nantes... Cependant...

«Brigitte s'arrêta; elle craignait peut-être
d'en avoir trop dit. Ce peu de mots avaient
éveillé ma curiosité d'enfant à un tel point, que
je la pressai. Mon père étant absent, nous ap-
pelâmes un vieux garde qui avait eu jadis la
surintendance de ces bâtiments; je lui demandai de me laisser voir les prisons.

« Il se fit d'abord prier, mais je ne tardai pas
à vaincre sa résistance. Il avait une clef de ces
cachots abandonnés; il en ouvrit les portes,
et, dès la première, je reculai. En pénétrant
sous ces voûtes humides, où le prisonnier devait dire adieu à l'espérance, comme dans les
strophes de Dante, je fus moi-même contrainte
de ramper, oui, de ramper : on n'y entrait
qu'à genoux! Sur les parois des murs, il y
avait des dessins et des noms tracés en couleur
rouge : c'était avec leur salive et le carreau que
les prisonniers se faisaient cette couleur. Notre
guide alluma alors une torche, et je pus distinguer bientôt d'énormes chaînes scellées dans
la pierre : les captifs étaient rivés tout vivants
à ces anneaux. Peu à peu, la pente devint
plus sensible, je me sentis entraînée comme
malgré moi vers un terrain en forme de marches. Le jour devenant plus rare, j'avais saisi

la main de Brigitte et la suivais. Tout à coup un bouillonnement sourd se fit entendre, l'eau jaillit à mes pieds avec une sorte de fureur ; elle montait, montait comme la vague irritée par les obstacles. Je me hâtai de fuir. Mes mules et ma jupe étaient mouillées ; il me fallut rebrousser chemin tout à fait. Comme Brigitte vit que je contemplais encore l'endroit où l'eau avançait :

« — C'était là ce qu'on nommait autrefois la *chambre des jugements*, me dit-elle. Les juges étaient placés sur le parquet élevé où vous êtes ; ils interrogeaient le coupable, lié au-dessous d'eux, et les flots de la Sèvre, montant peu à peu jusqu'à sa poitrine, le forçaient d'avouer des crimes dont il était souvent innocent. S'il s'obstinait à nier ou à se taire, on le descendait jusqu'au niveau du fleuve, où on l'étouffait.

« Mon cœur se serra à l'idée de ce supplice, de cette question qui ressemblait tant à l'agonie. Brigitte me prit la main avec douceur, et me dit alors affectueusement :

« — C'était bon pour autrefois.

« Je lui fis répéter ces mots d'une voix émue et malade, je tremblais de laisser lire ce qui se passait en moi.

« — Sortons d'ici, me dit-elle bientôt ; si M. le duc nous voyait ici, mademoiselle !...

« Au seul air alarmé de ma gouvernante, je compris que j'avais fait une imprudence. Je regardai le gouffre fatal une dernière fois ; l'eau brillante et argentée de la Sèvre y dessinait à peine un léger cercle, son murmure était doux et mesuré, il n'avait rien de hideux. Tout à coup, et comme je m'attachais d'une main tremblante à la corde pourrie de l'escalier, une rumeur vague envahit la partie du souterrain où je me trouvais ; j'entendis des pas, je vis briller des flambeaux. Un cliquetis d'armes et de voix confuses retentit à mon oreille. Je n'eus que le temps de me blottir derrière un pilier avec Brigitte et le guide, qui avait éteint sa torche.

« Je ne tardai pas à voir entrer mon père avec plusieurs gens armés et deux des seigneurs qu'il m'avait déjà présentés au château ; ils accompagnaient un homme dont je ne pus distinguer les traits, car son feutre rabattu couvrait une partie de son visage. Cet homme avait un bâillon et des menottes ; il était de haute stature. Un frisson horrible m'agita quand son large manteau brun frôla ma robe auprès du pilier qui me masquait. Mon père ne dit pas une parole ; il se contenta de faire signe à l'un de ses gens, qui attacha le prisonnier par le corps à l'un des anneaux. Je vis alors avec un singu-

lier mouvement de joie qu'on ne le descendait
pas dans cette horrible chambre des jugements
qui m'avait tant effrayée. On lui mit du pain et
une cruche d'eau à ses pieds. Cela fait, mon
père et les seigneurs se retirèrent. Comme notre guide avait eu le soin de refermer la porte
sur nous, mon père ne put rien soupçonner.
Quand il fut parti, je voulus faire un pas vers
le prisonnier, mais le guide me retint.

« —Ignorez-vous donc, me dit-il, que demain je serais dans le même cachot? J'ai appris à me taire : voilà plus de cinquante ans
que je suis au service des maîtres de ce do-
maine.

« Brigitte m'entraînait ; je la suivis à moitié
morte. L'air extérieur me remit peu à peu. Je
regagnai ma chambre en toute hâte ; je tremblais que mon père ne me surprît. Ma nuit fut
affreuse ; je songeais à ce malheureux, je voyais
toujours sur ses lèvres l'affreux bâillon, et à
deux pas de lui cette chambre dont l'eau cla-
potait encore à mes oreilles. Le vieux garde,
auquel on avait fait sans doute sa leçon, m'apprit, à quelques jours de là, que c'était un
braconnier ; il me parla de la sévérité ordinaire
de M. de Rohan pour un tel délit, et m'assura
que la prison de cet homme ne serait que
temporaire.

« —Je viens, reprit-il, d'être choisi pour son geôlier par M. le duc, et la première faveur que j'aie demandée a été celle de lui ôter son bâillon. Tranquillisez-vous, ma belle demoiselle, et ne vous inquiétez pas pour si peu.

« Le ton de cet homme vendu à mon père me rassura ; je n'osais pas interroger le duc, dont le seul aspect m'inspirait dès mon enfance une insurmontable crainte. Quelques jours après, Eudes (c'était le nom du garde) m'apprit que le prisonnier venait d'être rendu à la liberté ; j'étais si heureuse, que je ne soupçonnai même pas qu'il pût mentir.

« Cependant, depuis notre arrivée en province, mon père me paraissait plus sombre que d'habitude : ou il répondait à peine à mes questions sur l'accueil qu'on lui avait fait aux états, ou il se taisait avec un regard qui doublait l'accablement de mon âme. Un matin cependant; je le vis venir à moi sur la terrasse du château, d'où je regardais la campagne avec Brigitte. Il précédait deux laquais à sa livrée, chargés de coffres venus de Paris ; son visage me parut moins dur. Il sourit en me voyant, et je tressaillis à mon tour d'une joie involontaire.

« —Demain, me dit-il, j'exige que vous soyez belle. Demain, oui, demain, j'offre moi-même à la ville de Nantes une fête dans ses murs. Voici des parures et des ajustements pour vous ; votre mère vous les envoie. Le seul regret que m'exprime madame la duchesse dans sa lettre est celui de ne pouvoir jouir de votre triomphe. C'est la première fête à laquelle vous assistiez, vous devez vous y montrer digne du nom de Rohan, qui est le vôtre. Vous verrèz dans ce bal toute la noblesse de cette province, vous y serez fêtée, admirée... Ces étoffes sont-elles de votre goût? continua le duc en donnant l'ordre aux valets de développer de riches tissus de soie et de perles sur une des tables du jardin.

« C'étaient de magnifiques robes, des colliers, des agrafes, une toilette de princesse. Je crus un instant que mon père allait me parler de mariage ; mon cœur n'avait encore battu pour personne ; les soucis, la vanité faisaient seuls ma vie. Le duc m'embrassa et me laissa toute joyeuse pour la première fois depuis que j'habitais ce triste château. Je passai tout le jour à essayer ces parures devant les glaces de Clisson, toutes me disaient que j'étais belle ; je finis par le croire, et le lendemain j'entrais radieuse au bras de mon père dans ce bal donné par lui, dans ce bal où se pressait l'élite de la ville.

« Un murmure flatteur s'éleva quand je parus ;
j'eus bientôt le plaisir d'entendre répéter autour
de moi mille éloges sur ma beauté. Mon apparition dans cette fête fut celle d'une jeune reine.
Mon père me conduisit bientôt par la main à
une estrade préparée au fond de la galerie, et
je m'y assis à ses côtés. Chacune de ses paroles
que j'écoutais complaisamment faisait vibrer
mon orgueil ; j'étais, ainsi que lui, l'objet des
empressements et des distinctions de cette foule.
Les dames les plus vieilles et les plus considé-
rables de la province formaient cercle autour
de moi. Je maudis bientôt leur conversation,
car elle m'empêchait de prêter l'oreille aux discours que plusieurs jeunes gentilshommes de
bonne mine tenaient dans un angle de cette
pièce, et qu'ils accompagnaient de regards jetés
incessamment sur ma personne. Que pouvaient-
ils se dire en tournant ainsi les yeux vers moi ? Je
l'ignorais, mais à leur contenance sombre et dédaigneuse dans ce bal, à leur affectation étrange
de former un cercle et de ne se parler qu'entre
eux, je soupçonnai instinctivement qu'ils devaient être ennemis de mon père ; leurs figures,
leurs gestes, me causaient une alarme insurmontable. Les quadrilles allaient se former, mon
père s'entretenait avec plusieurs notables de
Bretagne, quand j'aperçus quatre de ces mêmes

gentilshommes qui se dirigeaient vers moi d'un air grave ; ils m'abordèrent et sollicitèrent chacun à leur tour l'honneur d'ouvrir le bal avec mademoiselle de Rohan. Leur visage était inconnu de mon père ; mais il me fit signe d'accepter leur proposition : c'étaient les quatre danseurs les plus recherchés du bal pour le luxe de leurs broderies et leur toilette. Mon étonnement fut profond, et je me repentis de les avoir mal jugés ; il y eut toutefois dans leur remercîment morne et bref un air d'étrangeté qui me frappa.

« Le lieu choisi par mon père pour cette fête était une maison assez éloignée de la ville. La galerie donnait sur la campagne ; la chaleur des lumières et de la foule me fit ouvrir l'une des fenêtres, et, parmi les équipages de toute sorte qui encombraient la cour de ce vaste hôtel, je remarquai quatre chevaux admirablement caparaçonnés. Un nombre égal de pages, fort galamment habillés, tenaient ces montures par la bride. Je m'étonnai de les voir armés, mais Brigitte me dit qu'ils appartenaient sans doute à des gentilshommes bretons dont l'habitation était distante de plusieurs lieues, et qu'il n'était pas rare, depuis les derniers troubles du pays, de leur voir prendre ces précautions. Au moment où ma gouvernante refermait la fenêtre, les instruments annoncèrent la danse, et je cherchai des yeux celui de mes quatre danseurs qui m'avait invitée le premier. Le quadrille s'était déjà formé, laissant à son milieu une place qui était la mienne... Cette place demeura vide. Le gentilhomme restait debout au fond de la salle, entouré de ses trois amis ; tous avaient la main sur le pommeau de leur épée.

« A ce seul aspect, je sentis un froid aigu courir mes veines. Était-ce un affront qu'on me préparait ? Allais-je devenir à ce bal la victime de l'inimitié portée à mon père ? Ou n'était-ce qu'une simple préoccupation de ce seigneur ? Mon incertitude dura peu, car, à la seule vue de mon embarras et de ma pâleur, le duc avait fendu la foule et s'était approché du gentilhomme en lui demandant ce qu'il devait penser de son oubli.

« —Je ne suis point oublieux, M. de Chabot, répondit celui-ci en faisant résolûment un pas vers mon père ! oh ! loin de cela, je me souviens. Oui, je me souviens que vous avez acheté, il n'y a pas deux semaines, une dette contre Raoul de Kerven, le gentilhomme le plus brave et le plus loyal de la Bretagne, et que vous avez fait saisir ses bestiaux après l'avoir ruiné... Je suis le neveu de Raoul de Kerven.

« — Il a épousé ma sœur, reprit le second.

« — Nous sommes ses deux frères, ajoutè-
rent ceux qui n'avaient pas encore parlé.

« — Oui, nous nous souvenons, continuèrent-
ils, nous nous souvenons qu'à votre arrivée
dans ce pays, et lorsque vous vous êtes présenté aux états, Raoul de Kerven était plein
de vie et de bravoure ; à cette heure, il a disparu. Qu'en avez-vous fait, comte de Chabot-
Jarnac ?

« A ce dernier nom, le dépit et la fureur
brillèrent dans les yeux de mon père. Pour
toute réponse, il se contenta de dire aux quatre
gentilshommes qu'il était maître et haut justicier dans cette province, et qu'il les ferait châ-
tier de leur insolence. S'adressant ensuite à
quelques-uns des seigneurs qui l'entouraient,
il réclama leur aide contre les auteurs de cette
imprudente collision, mais aucun n'osa la lui
prêter, soit que la stupeur eût lié leur bras, soit
que les noms prononcés par les ennemis de mon
père eussent des droits invincibles à leur respect. Pour eux, se tenant tous par la main et
se frayant un passage rapide à travers la foule,
ils sautèrent en un clin d'œil sur leurs chevaux,
et leurs pages en firent autant.

« Pendant ce tumulte, à la suite duquel le
bal se trouva bien vite dispersé, je m'étais éva-
nouie... Lorsque je rouvris les yeux, ce n'était

plus dans une galerie splendide et illuminée de mille flambeaux que je me trouvais, c'était à Clisson, dans ma chambre, près de Brigitte. En me revoyant vêtue de ces mêmes habits de fête que je portais il n'y avait qu'un instant, en m'examinant de la tête aux pieds dans cette toilette éblouissante, je crus tout d'abord sortir d'un rêve. Je courus à un miroir; ma pâleur horrible et la tristesse de ma gouvernante me firent souvenir de la vérité.

«— Oui, me dis-je bientôt en me levant et en arrachant avec dépit mes colliers et mes brace-lets, oui, c'est moi, moi que ces gentilshommes ont insultée! Moi, une fille noble! moi, qui avais droit à leurs respects! Que leur ai-je fait, mon Dieu? et pourquoi m'ont-ils choisie pour l'instrument de leur vengeance? Est-ce ma faute à moi si mon père a cru devoir se con-duire rigoureusement dans cette province? et porterai-je toujours la peine de ma naissance, moi qui n'ai commis d'autre crime que d'être la fille d'une maison illustre, d'une maison sou-veraine, comme on me l'a dit dès mon berceau? Oh! dussé-je irriter davantage la haine de mes ennemis, je me vengerai de cet affront; je ne suis qu'une femme, cela est vrai, mais je viens de me découvrir au cœur une plaie saignante; c'est du sang qu'il faudra pour effacer mon injure!

« Et alors, pour m'entretenir moi-même dans l'agitation et le délire de mes idées , je me représentais avec une cruelle insistance les moindres détails de cette scène de confusion imprévue , les physionomies déconcertées des personnes qui m'entouraient, les demi-mots ironiques, le trouble et le désordre de ce bal, dans lequel je voyais repasser devant moi les quatre gentilshommes comme autant de fantômes au rire insultant. Chacun de mes nerfs se tendait vers la vengeance , et je me tordais sous l'impression récente de ma honte. Dans cette douleur fiévreuse, il m'était impossible de pleurer; si j'avais été homme, j'aurais demandé un cheval et je me serais dirigée à l'instant même vers la retraite de mes agresseurs.

« L'état de la nature vint ajouter insensiblement au poids accablant de ma souffrance; la chaleur devint étouffante, et de mon balcon , dont les vitres étaient alors ouvertes, je pouvais considérer les nuages qui planaient alors sur la vallée. L'atmosphère n'annonçait que trop les approches de l'orage, le vent gémissait au loin, l'horizon s'embrasait des lueurs rapides de l'éclair. Je demeurais pâle , immobile à ma fenêtre ; j'étais seule, j'avais congédié ma gouvernante. La nuit était venue, une nuit si sombre qu'elle me permettait à peine de distinguer les objets extérieurs ; seulement, de temps à autre, et sous les bandes lumineuses de l'éclair, j'entrevoyais les vagues bouillonnements de la Sèvre, dont les eaux commençaient à se gonfler sous la pluie. Tout à coup je crus entendre un pas sourd dans l'escalier à vis qui formait, vers ma chambre, un passage dérobé que les hôtes du château connaissaient seuls. La peur me saisit ; je voulus crier, ma langue demeura collée à mon palais... Les pas approchaient ; je me rassurai peu à peu en songeant qu'à cette heure ce ne pouvait être que Brigitte ou que mon père. Le frôlement d'une robe que je crus entendre sur les degrés me rendit courage ; j'ouvris moi-même la porte, pensant voir ma gouvernante.

« —Sauvez-moi ! mademoiselle, sauvez-moi ! s'écria bientôt celle qui entrait, et qui se précipita sur-le-champ à mes pieds. C'était une femme d'une trentaine d'années, vêtue de noir comme si elle eût porté le deuil, et qui tenait un enfant entre ses bras. Sa pâleur et son égarement me firent reculer. Je ne la connaissais pas, et, trouvant encore assez de force pour parler, je lui demandai d'un ton sec ce qu'elle venait faire chez moi à pareille heure de la nuit.

« —Vous demander justice, reprit-elle sans se relever et en me regardant avec des yeux qui

ne peignaient que trop le désordre de sa douleur ; il y a, mademoiselle, ici même, en ce
château, un homme que votre père y retient
prisonnier, un homme qui va mourir, cette nuit
peut-être, victime de la vengeance du duc ; cet
homme est mon mari, le père de cet enfant ; je
veux sa grâce !

« —Sa grâce ! murmurai-je en chancelant moi-
même pour la relever, on vous a trompée, madame, il n'y a personne dans les prisons du
château ; mon père a rendu la liberté au dernier malfaiteur qu'on y enferma. Le gardien de
Clisson m'a donné l'assurance de la clémence
de mon père.

« — Sa clémence ? poursuivit-elle en me regardant toujours prosternée, mais en ayant l'air
d'arracher de son cœur le dard aigu que mes
dernières paroles y venaient d'enfoncer ; ah !
vous êtes jeune, mademoiselle, on vous abuse...
Sachez que le duc a juré la mort de celui qu'il
retient ici captif contre toute loi et toute justice.
Oh ! je ne mens pas, il le tuera !

« — Encore une fois, madame, c'est insulter
mon père que de mettre en doute l'acte généreux
qu'il a fait. Quel est ce prisonnier dont vous
me parlez ? Qui a pu vous dire ?...

« —Le gardien des cachots de Clisson lui-
même, le gardien dont vous parlez, lui qui

vous a menti, lui que j'ai gagné, qui m'a tout
dit, lui qui m'a enseigné ce passage secret et
m'a conseillé de recourir à vous, à vous, mademoiselle, car c'est cette nuit que le duc votre
père doit prononcer sur le sort de mon mari.
Sa fidélité seule est la cause de sa perte. Ancien
serviteur de la maison de Rohan, il a adressé
d'amers reproches à M. de Chabot le jour où
votre père s'est présenté aux états, et votre
père, mademoiselle, l'a fait saisir par ses gens...
Tenez, reprit-elle, croirez-vous encore que ce
cachot soit désert? Voyez de cette terrasse la
lumière qui échancre sa seule fenêtre ; elle se
reflète comme une tache de sang sur l'eau de
la Sèvre.

« Et la malheureuse, se traînant au balcon,
échevelée, palpitante, me montrait du doigt le
réduit souterrain que je croyais vide ; elle pleurait, priait, et se frappait le front contre les
barreaux de la terrasse en serrant contre sa
poitrine l'enfant qu'elle tenait. Je l'écoutais à
peine, moi qui étais encore sous l'obsession de
la honte et du dépit ; j'éprouvais une sorte
d'étonnement stupide à la contempler. Insensiblement, j'en vins à me dire que je n'étais pas
la seule à souffrir ; la douleur de cette femme
me vengeait ; j'éprouvais un barbare plaisir à
la contempler humiliée, elle si noble ! En effet,

Régis, elle avait dans ses moindres paroles comme dans les lignes de son visage tout ce qui fait la beauté du corps et de l'âme; on voyait seulement qu'elle avait dû souffrir et qu'elle souffrait encore plus que jamais de son abaissement vis-à-vis de moi; c'était la première fois peut-être que cette bouche suppliait.

« — Le nom de votre mari? m'écriai-je enfin, vaincue par son désespoir et ses larmes, le nom de votre mari?

« — Le baron Raoul de Kerven! répondit-elle les mains jointes.

« — Le baron Raoul de Kerven! m'écriai-je, comme si je venais moi-même de me voir frappée au cœur par ce nom; mais c'est au ressentiment de sa famille que je dois l'insulte reçue dans ce bal, ce sont ses parents qui m'ont tout à l'heure jeté l'ignominie au visage! Après avoir outragé le père, ils ont déversé leur rage sur sa fille; ils m'ont fait rougir de mon nom, de ma noblesse et de ma beauté; et vous voulez que je demande sa grâce?

« Elle s'arrêta à son tour, en proie à une inexprimable inquiétude : elle ignorait ce qui s'était passé à cette fête; il fallut que je lui racontasse moi-même le complot insolent dont j'avais été l'objet. Ce récit amer renouvela tellement en moi l'expression de ma douleur, que des larmes de honte, contenues jusque-là dans mes yeux, coulèrent sur mes joues, des larmes aussi brûlantes, aussi lourdes que les premières gouttes de cette pluie qui venait d'annoncer l'orage. Qu'était-ce cependant, Régis, que ma misère en la comparant à la misère que je voyais gémir et supplier devant moi? Mais, dans l'espèce de fièvre où m'avait jetée la scène du bal, j'étais absorbée par la plus égoïste des passions, je devais céder aux conseils impétueux de ma colère.

« — Non, repris-je, non, il ne sera pas dit que j'aurai souffert sans me venger un affront si lâche et si cruel! Ce n'est pas à moi qu'il appartient de punir, madame, mais n'espérez pas que j'arrête en rien le cours de la justice en cette province. Mon père en est gouverneur; j'ignore après tout, moi qui ne suis qu'une femme, le crime de votre mari. C'est bien assez, je pense, de ne point aigrir le duc en ce qui le concerne. Si c'est cette grâce que vous attendez de moi, madame, je vous la promets; bien d'autres à ma place n'eussent point imposé silence à leur ressentiment. Fuyez, il en est temps : si mon père vous trouvait ici, peut-être n'écouterait-il que sa colère.

« — Fuir! s'écria-t-elle en se traînant sur le parquet avec un regard désespéré qui me fit frémir : oh ! je ne fuirai pas, mademoiselle, il me faut la grâce de mon mari ! Vous seule, encore un coup, pouvez l'obtenir du duc. Si les miens ont eu des torts vis-à-vis de vous et de lui, mon Dieu ! est-ce la faute de la triste femme qui vous parle ? Est-ce surtout la faute de cet enfant trop jeune, hélas ! pour comprendre seulement notre horrible sort, de cet enfant qui, demain, n'aura plus de père ?

« Elle sanglotait en disant ces derniers mots ; elle embrassait ma robe, mes mains, la trace de mes pas, folle d'épuisement et de douleur. Cet enfant, ce fils que me présentait la suppliante avait à peine deux ans ; il étendait vers moi ses petites mains et me regardait avec son beau regard bleu, doux comme celui des anges. J'étais émue, ébranlée ; car cet enfant, Régis, cet ange qui semblait me prier ainsi, c'était vous ; vous aussi, vous portiez déjà le poids de votre naissance, vous alliez souffrir comme moi ! Cette pensée amère me perçait le cœur ; vous aviez dans vos moindres traits un charme touchant, douloureux, et il me semblait que nos deux âmes étaient sœurs.

« — Sauvez-le, mademoiselle, sauvez-le ! s'écria-t-elle en voyant que mon regard voilé de larmes ne vous quittait pas ; sauvez mon Régis, et Dieu, qui nous juge plus sévèrement que les hommes, vous comptera un jour ce bienfait dans sa justice. Un mot de vous, mademoiselle, un mot de vous, et avec ces lignes j'irai me présenter hardiment au duc votre père ; il n'osera frapper si votre bouche se joint à la mienne pour demander grâce. Régis, cher Régis, continua-t-elle en vous présentant à moi, je puis mourir heureuse, tu as une mère à présent !

« Il se passait en moi un assaut terrible, mille voix plus confuses que celles de la tempête qui bruissait au dehors bourdonnaient à mon oreille. J'étais excédée, je ne me souvenais plus... Je ne vis bientôt plus devant moi qu'une femme qui allait perdre son mari, un orphelin qui un jour peut-être me demanderait son père... Je pris une plume, du papier ; j'allais écrire ; tout à coup mon père entra.

« J'avoue que je ne l'avais pas même entendu ; le bruit de l'orage couvrait sans doute celui de ses pas. Il m'apparut avec un visage pâle où se peignait la colère. A la vue de la baronne et de son fils, il ne put réprimer un mouvement de surprise ; mais, ne devinant que trop le motif de leur venue, il se renferma d'abord, vis-à-vis de madame de Kerven, dans un silence glacé. S'avançant ensuite vers moi, il me demanda à qui je comptais écrire.

« — Mais... à..., vous, mon père..., balbu-
tiai-je, pendant que la baronne, haletante d'angoisse , semblait se suspendre à mes moindres
paroles ; je venais appuyer la requête de madame... j'espérais...

« — Sauver le baron ? C'est là , en effet, de
la générosité, reprit-il avec un sourire qui me
glaça. Ignores-tu donc que ces quatre gentilshommes ont pris la route de Paris en se vantant
de n'avoir agi que par ses ordres? C'était trop
peu pour eux de m'avoir insulté ici dans la
personne de ma fille , c'est à la cour de France
qu'ils vont porter eux-mêmes la nouvelle de ta
honte et de la mienne... C'est là, n'est-ce pas,
une belle et une haute mission ? Eh bien ! c'est
de Raoul de Kerven qu'ils disent l'avoir reçue.
Voilà l'homme pour qui tu allais implorer toi-
même ma justice ! Je ne croyais pas que la fille
du duc de Rohan oubliât si vite... Je me souviens, moi, que j'ai ici un otage, et c'est Raoul
de Kerven !

« — Par pitié, monseigneur, s'écria la baronne, par pitié, écoutez-moi ! On vous trompe,
on vous ment, je proteste que mon mari...

« — N'est pas mon ennemi le plus acharné
et le plus hautain ! qu'il n'a point comblé envers
moi la mesure de l'outrage ! Niez donc ceci,
madame, niez cette lettre qu'il vous écrivait

hier encore ; cette lettre, ma vigilance l'a arrachée au captif, poursuivit le duc en promenant sur la malheureuse son regard fauve.

« Il tira alors de son sein une lettre, ou plutôt un lambeau de papier informe, et comme la baronne, anéantie dans sa douleur, n'avançait pas même la main pour la prendre :

« — C'est donc moi, dit-il, qui vous en dirai le contenu. Après cela, je pense, vous ne viendrez plus vous adresser à mademoiselle de Rohan, vous laisserez agir le gouverneur. Écoutez, madame, ce que vous écrit votre mari :

« Il n'est que trop vrai, madame, hier et lorsque M. de Chabot (*monsieur* est souligné) s'est présenté à la porte des états de Bretagne, je l'ai insulté et provoqué. Ancien page du feu duc de Rohan, mon seul et vrai maître (*seul* et *vrai* sont également soulignés, madame de Kerven ), je ne pouvais recevoir autrement à Nantes l'homme qui a volé le nom du jeune duc Tancrède de Rohan, dont la mort malheureuse a pu seule empêcher le parlement de reconnaître les droits. J'étais l'un de ses Bretons, j'ai signé contre lui la protestation de ceux de notre province. Tombé au pouvoir du duc, qui m'a fait saisir, la nuit du 8 de ce mois, par des gens armés et masqués, sur la route de Nantes,

je sais ce qu'il me reste à attendre de sa justice.
Ici, dans ces cachots, les murs étouffent la
voix... Il est même un supplice dont j'ai seulement entendu parler dans mon enfance, un
supplice affreux... : mais je suis résigné à le
subir... Le seul héritier de mon nom, mon fils,
mon Régis, devra me venger... Quelques bruits
que l'on répande sur ma mort, je ne serai mort,
croyez-le bien, que de la main de l'homme qui
a fait lui-même enlever Tancrède. Je mourrai,
le nom de mon maître et de mon Dieu à la
bouche; mais la famille du duc, sa femme et sa
fille... (sa fille, vous l'entendez, continua-t-il
en me lançant un coup d'œil sévère), n'en seront pas moins l'opprobre et l'exécration de la
Bretagne. Ne vous abaissez pas à demander ma
grâce à de pareils juges, la destinée de nos
deux maisons n'ayant eu jamais rien de commun. A l'une le martyre, à l'autre l'assassinat !
Ne pleurez pas, vous et votre fils ; mais seulement, chaque année, à pareil mois, faites dire
pour moi une messe à Clisson même... Je ne
pense pas que le meurtrier ait l'audace d'y
assister.

« Votre mari,

« Le baron Raoul de Kerven. »


« Un silence d'épouvante avait succédé à cette

lecture. Étrangère jusque-là à toutes les haines
de parti, je n'en comprenais alors que trop
l'horrible résultat. Le duc s'était assis tranquil-
lement sur la terrasse, après avoir brûlé, à
l'une des lumières, la lettre du prisonnier. Je
cherchais encore à lire sur ce front d'airain le
sort réservé à sa victime, lorsque la baronne,
essayant vers moi un effort désespéré, se jeta
de nouveau à mes genoux en me suppliant de la
sauver. J'avoue que devant elle, devant vous
surtout, Régis, mon cœur se brisait comme mes
forces; j'allais conjurer le duc, un geste de
lui me retint. Il venait, en effet, de m'entraîner
à la fenêtre, et du haut de cette terrasse, au
milieu du déchaînement de l'ouragan, il me
montrait la Sèvre irritée, furieuse, venant
battre le pied du sombre château de Clisson. Le
cachot dont je vous ai parlé laissait échapper
une traînée plus faible de lumière, l'eau paraissait vouloir s'engouffrer par ses barreaux.
Je me sentie saisie d'une angoisse que rien ne
peut rendre, mes genoux tremblaient sous moi.
Comme le baron de Kerven, moi aussi je venais
d'entendre parler de ce supplice affreux de la
chambre des jugements, cette tombe sourde où
les flots de la Sèvre étouffaient le prisonnier.
Je me retournai, et je vis madame de Kerven.
Penchée comme nous sur la terrasse, elle

observait cette scène dans une muette stupeur.

« — Grâce ! s'écria-t-elle enfin en retombant sur les dalles de la terrasse , oh ! grâce , monsieur le duc ! Vous ne voudriez pas commettre un crime si lâche !

« — Je n'ai rien ordonné , reprit le duc ; laissez-moi !

« Il sonna alors en me tenant le bras ; deux valets survinrent et emportèrent la baronne à demi morte. Elle vous serrait sur sa poitrine : j'entendis à peine ses cris et les vôtres. Pour moi, je ne sais au juste combien d'heures je demeurai sans voir et sans agir ; mais le lendemain , en me précipitant vers le balcon avec une sorte de frénésie, je vis les eaux de la Sèvre calmes et pesantes comme celles d'un lac ; seulement, Régis, on n'apercevait plus les barreaux de l'infâme geôle ; l'onde bouillonnante les avait couverts.

« — Mort ! m'écriai-je ; et je me jetai à genoux, inondant de larmes le sol où la veille votre mère s'était prosternée. »

# XIII

Madame de Soubise s'arrêta ; elle s'était voilé le front de ses deux mains. Les souvenirs cruels qu'éveillait en elle un tel récit passaient et repassaient devant ses yeux comme autant d'ombres menaçantes. Sa figure conservait une expression étrange de terreur et de beauté.

Voyant que Régis, qui ne l'avait pas interrompue une seule fois, demeurait muet et immobile devant elle comme un homme frappé de la foudre :

— Je vous devais, dit-elle en se précipitant à ses pieds, cette confession pleine et entière.

Le ciel m'est témoin qu'elle m'a coûté, mais je n'en ai rien omis. Maintenant, Régis, vengez-vous sur moi ; vengez-vous, oh ! vous en avez le droit ! Vous avez entendu mon propre arrêt sortir de ma bouche, votre père vous a prescrit ce que vous deviez faire du sang des Rohan. Qu'attendez-vous ? Vous me voyez ici prosternée devant mon juge, comme votre mère s'est prosternée devant moi ; soyez sans pitié comme mon père et moi l'avons été ; ordonnez de moi ce que vous voudrez.

— Me venger ! répondit-il avec une lente tristesse et en relevant doucement madame de Soubise, me venger ! madame, et sur qui ? Votre père n'est-il pas mort ? mort entouré des respects et des adulations de tous, n'est-ce pas ? tandis que le mien !...

Un éclair de fureur illumina un instant le regard éteint du jeune homme ; madame de Soubise tressaillit, mais Régis reprit bientôt :

—Ma destinée, madame, est de celles qu'on ne peut vaincre. Orphelin par vous, privé par vous de tout ce qui m'était cher, je vous dois tous mes malheurs. Un seul, le plus horrible de tous, me manquait, celui de vous aimer, vous que le sang de mon père lui-même me crie de haïr ! Puisque vous l'exigez, cependant, je me vengerai comme il convient. Madame la princesse, c'est la dernière fois que je vous parle; je m'en vais mourir pour vous.

Disant ainsi, il fit un pas vers la porte de l'appartement, et en touchant son épée comme pour s'assurer qu'elle lui restait.

— Où courez-vous, Régis? dit-elle en lui barrant le passage.

— Me battre pour vous! L'avez-vous donc oublié?

— Vous battre?... Oh! cela est vrai... Oui, je me souviens maintenant! Pour moi! c'est pour moi! oh! malheureuse que je suis!

— Rassurez-vous, madame la princesse, votre nom, votre honneur seront épargnés, ajouta Régis avec un sourire d'ironie qui perça le cœur de madame de Soubise.

— Eh! que m'importe mon nom, mon honneur? Est-ce à vous de me défendre, vous, Régis, vous qui devriez m'accuser? N'est-ce pas assez, mon Dieu, de la mort de votre père? et voulez-vous donc que votre...?

Elle n'acheva pas, mais elle attacha sur le jeune homme un regard où ne se peignaient que trop sa tendresse et son angoisse.

— Si je vais à ce duel, dit Régis, c'est que je suis résolu à vous délivrer de ma présence; j'y vais, mais je m'y ferai tuer!

— Mourir! vous, Régis! dit-elle en baignant

de larmes les mains du jeune homme ; oh ! vous
ne pensez pas ce que vous me dites. Mourir !
oh ! non , vous vivrez !

— Eh ! que m'importe la vie ? Que me reste-
t-il, sinon le malheur, le parjure, si je vous
aime ? Ah ! loin de le maudire, je bénis le ciel
qui me donne l'occasion d'en finir avec· une
chaîne si lourde. Adieu, madame, adieu,
l'heure s'écoule, et l'on m'attend !

— Auriez-vous donc juré de me faire mourir aussi ? s'écria-t-elle, et me croyez-vous si
jalouse de mon honneur que je ne puisse lui
immoler mon amour ?

— Votre amour ? Que voulez-vous dire ?

— Que je vous aime, Régis, non comme une
mère, comme une sœur, continua-t-elle dans l'é-
garement de son désespoir, mais comme le seul
être que j'ai jamais aimé ! Oui, malheureux enfant, c'est vous seul qui m'avez appris l'amour.
Jusque-là, je n'en avais soupçonné ni la douceur,
ni les larmes. Oui , je n'ai dans le cœur qu'une
seule espérance, c'est vous ! Depuis le jour de
cette sinistre exécution dont la pensée me glace,
et dont la mémoire m'a presque appris à haïr celle
de mon père, je prononçais constamment votre
nom dans mes prières. Ne l'avez-vous donc pas
trouvé inscrit par moi dans un acte de repen-
tir ? Quand j'appris que votre mère n'était plus,

et que la douleur l'avait tuée, je fis vœu de la
remplacer si jamais le sort vous conduisait près
de moi. Ce serment, ne l'ai-je pas tenu ? Je vous
ouvre ici les plus secrets replis de mon cœur.
Comme vous, Régis, je suis la dernière de ma
famille, la plus misérable aussi, sachez-le bien.
Oui, l'on m'a livrée, vendue de bonne heure à
l'ambition insatiable des miens ; mon cœur,
mes pensées, ma vie, rien de tout cela, hier
encore, n'était à moi; à cette heure je vous
aime, prenez-les, Régis, je sens que tout cela
est à vous.

— Qu'entends-je ! s'écria Régis avec un transport dont il ne put se rendre maître ; mais non,
vous me trompez, vous vous mentez à vous-
même pour me retenir... Laissez-moi !

— Oh ! cela vous étonne ? une femme qui
tient ses yeux fixés sur les vôtres, qui vous demande à mains jointes la réhabilitation d'elle-
même, et vous fait maître de son cœur ! Cela
vous étonne, n'est-ce pas, Régis ? une princesse qui vous aime ! Mais regardez-vous donc,
enfant ; contemplez-vous ici avec orgueil dans
votre pureté et votre noblesse. Vous portez en
vous un mystère douloureux et plein de larmes :
ce mystère, ces larmes ne m'appartiennent-ils
pas ? Où rencontre-t-on à la cour un cœur
fermé comme le vôtre aux avenues du mal, de

l'ambition, des fausses gloires? Vous avez pris, Régis, la défense d'une femme que nul ne songe à défendre. Oh! comment vouloir que je ne vous aime pas, vous qui tenez à moi par tant de liens cruels et sombres? Comment penser que je pourrais vous laisser partir, quand désormais ma vie et mon âme vous appartiennent?

Le son de cette voix portait un trouble inexprimable au cœur de Régis; c'etait la première fois qu'il voyait descendre sur sa vie un rayon d'amour et de bonheur, il était ému et effrayé tout ensemble. En écoutant madame de Soubise, cette tache sanglante, imprimée au front de la coupable, avait disparu insensiblement; Régis ne voyait qu'une femme incomparable de manières et de beauté, une femme qu'il eût voulu servir à genoux et qui embrassait les siens.

Le timbre de l'horloge des Blancs-Manteaux le rappela bientôt à l'accomplissement de son devoir, et jetant sur la princesse un regard plein de douleur:

—Je vous remercie, dit-il, d'avoir adouci, du moins pour moi, la tristesse inséparable de nos adieux. Quoi qu'il arrive, ils sont éternels, oui, tout m'en fait un devoir. Que le baron d'Éterville se trouve au rendez-vous ou qu'il y manque, jamais vous n'entendrez parler à l'avenir du triste Régis. Vous avez eu raison de placer dans vos prières, il prend en pitié vos remords et ne vous oubliera pas devant Dieu. Quant à vous, madame, la cour vous attend, cette cour que je n'ai fait qu'entrevoir, cette cour où je n'ai posé le pied que pour lui jeter un défi. Si je ne meurs pas dans ce duel, il est une solitude chère et triste qui me tend les bras. Là viennent mourir les bruits du monde, là on oublie l'amour, la vengeance et tous les fléaux du cœur dans le cœur de Dieu lui-même. Puisqu'il n'est personne à qui je puisse faire payer tout cet héritage de deuil et de sang, il y aura du moins un coupable qui se punira lui-même d'une faute plus grande, celle de vous avoir aimée, celle de ne pouvoir se séparer de vous sans vous maudire. Encore une fois, adieu, ma place est ailleurs ; ne vous l'ai-je donc pas dit ?

Il essuya quelques larmes furtives et se dirigea rapidement vers la porte. La princesse en avait retiré précédemment la clef, mais ce mouvement avait échappé à l'œil de Régis ; il le lui reprocha avec tristesse.

— Voulez-vous donc que je passe pour un lâche ? lui dit-il. Voulez-vous laisser impunie l'offense de M. d'Éterville ? Cette épée, madame, n'est-ce donc pas de vous que je la tiens ?

— Oui, s'écria-t-elle, mais c'est pour le roi

seul que vous devez la tirer, ne l'oubliez pas, Régis.

— Pour le roi! Et qu'a-t-il donc fait, lui, pour empêcher mon père de mourir?

A cette réponse terrifiante du Breton, une altération mortelle se répandit sur les traits de madame de Soubise; elle se hâta de reprendre:

— Le roi ignorait sans doute cette exécution, Régis: mon père était, il est vrai, gouverneur et haut justicier dans sa province, mais il a pris soin d'ensevelir un tel acte dans les plus profondes ténèbres. Croyez-moi, laissez dire et faire un homme que je ne connais même pas; ce duel peut avoir un retentissement funeste à la cour, les édits du roi sont terribles...

— Vous recommencez à trembler pour vous, reprit le jeune homme; ne vous ai-je donc pas dit ma résolution? C'est un de mes amis de Bretagne, cadet au régiment Dauphin comme moi, que je compte prendre pour mon second; votre nom ne sera pas prononcé. Quant à moi, je n'opposerai au fer de M. d'Éterville qu'une faible résistance...

— Vous me faites mourir, vous me torturez cruellement. Qu'exigez-vous de moi, Régis? voulez-vous que je parte, que je fuie avec vous loin de ce monde que je hais? Parlez, continua madame de Soubise cédant à l'exaltation de sa

douleur : s'il faut vous suivre, je suis prête.
Je quitterai tout, mari, devoir, famille, pour
vivre avec vous, pauvre enfant; non que je
veuille être votre maîtresse... je n'en suis pas
digne... mais vous, vous serez mon maître!
Laissez-moi vous aimer, laissez-moi...

— Encore une fois, madame, vous perdez le
temps en vaines paroles : oubliez-vous donc
quelle ombre sanglante nous sépare? Votre
amour, dites-vous? oh! sans doute, je l'ai rêvé
bien des fois dans l'audace solitaire de mes
pensées, cet amour que vous m'offrez et qui
me semblait impossible; bien des fois j'ai approché mes lèvres de cette coupe qui contenait
pour moi une eau que je croyais pure. Maintenant, hélas! mes rêves sont des rêves évanouis.
Le jour est venu où je ne dois plus espérer!
Ne plus espérer! oh! mon Dieu! que de tristesse
dans ce mot!

Il avait laissé retomber sa tête sur sa poitrine.
Vaincue par l'énergie de son sacrifice et de sa
douleur, madame de Soubise ne pouvait déta-
cher de lui son regard humide de larmes; son
sein était oppressé, ses beaux cheveux en désordre. Qui l'eût vue ainsi dans toute la sincérité de son désespoir n'eût guère soupçonné
l'une des plus admirables femmes de la cour,
tant les souffrances du cœur sont plus horribles

que toutes les souffrances de l'ambition, tant l'amour réel se fait un jeu de la coquetterie des plus fières !

A ce moment de silence profond succéda le bruit rapide d'un carrosse dans la grande cour ; Régis écarta instinctivement les rideaux de la fenêtre.

— M. de Cavoie ! murmura-t-il en voyant sortir son colonel du fond du carrosse aux armes du roi.

— Le marquis ! murmura madame de Soubise ; que vient-il faire ?

Elle se hâta de replacer la clef dans la serrure. Régis voulut fuir, mais il fut prévenu par le marquis, dont la pâleur l'effraya. Cavoie paraissait singulièrement agité, sa toilette seule annonçait un grand désordre.

— Monsieur de Cavoie, s'écria madame de Soubise en courant à lui dès qu'il apparut, monsieur de Cavoie, je vous dénonce ici M. de Kerven : il veut se battre.

— Je le savais, madame, répondit froidement le marquis ; maintenant il est trop tard, je me suis battu pour lui...

— Pour moi ! s'écria Régis stupéfait, pour moi?... Qui a pu vous dire...?

— Berthe de Pontareuc, qui m'a tout écrit, Régis. Dès ce moment j'ai fait savoir à M. d'Éter-

ville que je lui offrais une revanche. Mon intention était de le ménager, le malheur a voulu...

— Que vous soyez blessé? s'écria Régis en
courant à lui; blessé pour moi, oh! je ne me le
pardonnerais de ma vie !

— Le malheur a voulu, reprit le marquis
froidement, que M. d'Éterville, ne prenant sans
doute conseil que de son emportement et de
son dépit, vînt lui-même s'enferrer sur mon
épée à la fin de ce duel dont il avait consenti
à avancer l'heure ; il est dans ce moment à toute
extrémité, entre les mains du chirurgien de
mon régiment, et l'on désespère de le sauver.

—Ainsi, madame, c'est moi, c'est moi encore
qui viens d'exposer les jours du plus brave
gentilhomme de l'armée, dit Régis en se jetant
aux pieds de Cavoie. Qu'allez-vous faire maintenant, marquis? La sévérité des édits du roi...
Vous me permettrez, je pense, de me constituer
prisonnier à votre place ?

— J'espère encore assoupir cette affaire, reprit le marquis, grâce à la protection de madame. Avec son crédit sur l'esprit du roi... Je
n'ai rien sans doute à vous apprendre, princesse, si ce n'est peut-être que Sa Majesté m'a
fait mander hier soir après le bal; elle m'a
chargé de vous ramener à la cour.

— A la cour ! murmura Régis.

19.

— A la cour, reprit Cavoie, à la cour, où vous allez rentrer en souveraine. Un carrosse de la cour vous attend. Vous ne me répondez pas : vous croiriez-vous, par hasard, encore en disgrâce? Quelle meilleure preuve, ajouta-t-il à voix basse, puis-je vous donner ici de votre entrevue avec le roi? Ce mouchoir, peut-être, ce mouchoir que je n'ai voulu rendre qu'à vous, En échange, ne demanderez-vous pas ma grâce?

Les lèvres de la princesse devinrent tremblantes, et elle serra la main du marquis pour lui imposer silence, Confondu de tout ce qu'il venait d'entendre, Régis examinait madame de Soubise avec stupeur, Le roulement du carrosse, auquel le marquis fit signe d'approcher près du perron, le tira de sa rêverie. Orgueilleux de sa mission plus encore que de son dernier coup d'épée, le marquis faisait à peine attention à son protégé. Lorsque trois heures sonnèrent, se tournant alors vers Régis :

— Il serait prudent à vous, lui dit-il, de ne retourner au régiment que lorsqu'une lettre de moi vous préviendra, Jusque-là madame la princesse vous offre l'hospitalité dans son hôtel ; demain l'un de mes gens viendra vous y chercher. Au revoir, mon jeune ami; enchanté de vous avoir rendu service. A charge de revanche, n'est-ce pas ?

Cavoie offrit son bras à la princesse, Régis descendit silencieusement derrière elle. Il n'entendait pas, ne voyait pas ; tout ce qu'il comprenait, c'est que son cœur était brisé et qu'avec cette femme se détachait la meilleure partie de son âme. Au moment de franchir le marchepied du carrosse, la princesse se détourna, et tendit à Régis une main pâle et tremblante. Une larme tomba sur cette main. Cavoie la remarqua et vit la pâleur de Régis.

— Où la conduisez-vous, dites-le-moi? demanda à voix basse le jeune homme, résolu à tenter un dernier effort et entraînant le marquis à l'écart. Par pitié, dites-moi à qui vous la conduisez! reprit-il en arrêtant sur lui un regard inquiet.

Il y avait dans cette demande imprévue un tel accent de tristesse, que Cavoie en fut ému.

— C'est à la cour de France que je la conduis, Régis, reprit-il enfin, décidé à enlever au Breton toute espérance folle ; cette femme, Régis, c'est la maîtresse du roi.

Le carrosse partit, et Régis retomba sans force sur les degrés du perron.

# XIV

Il y a des cœurs brisés qui cherchent pour
leur tristesse le silence et les ténèbres des cloî-
tres, d'autres les profondeurs des sites déserts,
mais, pour certains esprits, la solitude peut se
rencontrer au sein même des grandes villes.
Tout en heurtant du pied le tumulte, ils restent
fidèles à leur douleur.

Paris, ce manteau immense, abrite ainsi
bien des blessés, bien des solitaires vivant du
deuil de leur âme. Au milieu de sa foule inces-
sante, il est des hommes qui ne communiquent

avec personne et se renferment dans un isolement absolu.

Ainsi en fut-il bientôt de Régis, succombant sous le poids de la double révélation qui lui avait été faite, de Régis à qui les paroles de madame de Soubise et celles de Cavoie déchiraient le cœur comme un glaive à deux tranchants. Ne venait-il pas, en effet, de recevoir un coup mortel dans ses affections de famille les plus profondes et les plus saintes, de voir dérouler à ses yeux un drame imprévu, sanglant? Et à l'instant même où son invincible amour allait prononcer le mot de *pardon* sur la tête de la coupable, où, refoulant en lui les voix irritées qui lui parlaient, il allait se condamner à l'oubli et à l'impunité de cette faute comme à un crime, cet avertissement amer n'était-il pas tombé de la bouche de son ami, de son protecteur, de l'homme qui avait enfreint pour lui les lois les plus rigoureuses contre le duel : Cette femme est la maîtresse du roi !

Trois semaines s'étaient écoulées depuis cette scène cruelle, trois semaines pendant lesquelles Régis n'avait pas cessé d'entendre bruire à son oreille les foudroyantes paroles du marquis.

Le voile de son amour une fois tombé, le Breton éprouva ce vague sentiment d'horreur qu'inspire à un malheureux la société, l'enne-

mie naturelle de ceux qui souffrent. Il quitta
le soir même l'hôtel de Soubise, et se choisit
un asile dans un faubourg isolé. Au lieu de
cette image enchanteresse de sa passion, il ne
vit plus qu'un cadavre. Ce cadavre aux lèvres
bleues, aux cheveux ruisselants, aux membres
livides, c'était celui de son père; la vague
acharnée de ses rêves le lui rejetait toujours,
et parfois ce corps ainsi meurtri reprenait un
instant l'apparence de la vie et la menace du
regard. Dans l'espèce d'hallucination produite
par la vue de ce fantôme, Régis distinguait le
sol de la prison souterraine où avait été renfermé
son père, il entendait ses cris et les bouillonnements de l'eau. La seule approche de la nuit
le glaçait d'épouvante, comme si lui-même eût
été coupable.

— Venge-moi ! semblait lui dire le fantôme,
n'es-tu pas gentilhomme? ne portes-tu pas
l'épée ?

Régis regarda tristement la sienne, qui reposait sur l'un des meubles du petit appartement qu'il avait loué rue de l'Orme, près de
l'Arsenal, chez un luthier du nom de Sevrin,
à l'enseigne du *Roi David*. Cette maison isolée
avait vue sur les remparts de la Bastille, et son
propriétaire n'y recevait que de rares visiteurs.

— C'est elle qui m'a donné cette épée, murmura-t-il avec amertume ; ce n'est pas contre elle que je dois la tourner, ce n'est qu'une femme ; non, je viserai plus haut.

Et il retomba dans toute la tristesse et la violence de ses pensées. La tête et l'âme du Breton n'étaient pas créées comme les autres ; c'était, nous l'avons dit, une de ces natures vierges et sauvages que n'avait encore adoucie aucun contact ; l'amour seul eût pu triompher de ses aspérités et de sa rudesse primitive, mais Régis, on le voit, ne connaissait de l'amour que ses orages et sa haine. Son séjour à Paris avait été trop rapide pour que ce caractère abrupt et neuf, étranger aux choses de la cour et au commerce du monde, se pliât devant les idées reçues. Régis de Kerven ne connaissait qu'un ascendant, celui de la fatalité toute-puissante qui le dépossédait de ses espérances les plus chères et ne lui laissait d'autre alternative que la vengeance.

Il faut bien le dire, à cette époque empreinte de tant de majesté et de grandeur, la société entière, pour le provincial comme pour l'homme habitué à vivre au sein de la capitale, se résumait dans ce mot unique : le roi. C'était, sans allusion au symbole orgueilleux qu'avait choisi Louis XIV, le soleil auquel venaient converger et aboutir les autres rayons. Au milieu des nuages de sang qui flottaient encore devant les yeux de Régis, au sein de cette solitude âpre et cruelle qu'il s'était faite, ce seul homme, entouré des respects et de la servilité de tous, le roi, le roi de France, lui apparut bientôt comme un but unique, un météore flamboyant vers lequel il devait se diriger. N'était-ce donc pas sous son règne qu'avait eu lieu ce despotique attentat? Qu'avait fait le roi de France pour l'empêcher? L'avait-il vengé seulement? Son père était l'un des hommes les plus considérés de sa province, il n'avait même jamais pris part à ces troubles de Bretagne, sans cesse renaissants, qui tant de fois courroucèrent Louis XIV. C'était un gentilhomme de mœurs austères, un de ces seigneurs aussi purs que leur blason. Celui de la nouvelle branche des Rohan avait trouvé en lui un redoutable adversaire; était-ce une raison pour que M. de Chabot se fît lui-même justice?

— Justice! pensa Régis, le roi de France ne me la refusera pas; oui, j'irai le trouver, j'irai lui dire...

Il s'arrêta, une rougeur subite venait de lui monter au front; ce n'était plus un juge, c'était un rival qu'il voyait.

— Oui, c'est mon rival, murmura-t-il avec une voix où frémissait la colère. Cette femme qui dispose de mon âme au point d'enchaîner ma haine, il l'aime, il la voit, à cette heure peut-être il étouffe ses remords sous ses caresses... Malheureux que je suis ! Et j'irais lui demander justice ! Il ne me la rendrait pas, et me ferait jeter comme mon père dans un cachot !

Il regardait alors machinalement quelques lignes écrites par lui de la veille; c'était un placet, un placet au roi. Régis y avait exposé énergiquement le meurtre impuni ; aucune des circonstances que madame de Soubise lui avait détaillées n'y manquait; il demandait la réhabilitation de la mémoire paternelle, et appelait le châtiment sur ceux des membres de la famille de Rohan qui vivaient encore.

— Mort au service du roi ! répétait-il alors en relisant lui-même ces mots tracés par sa plume ; ils ont menti au roi, ceux qui disent cela en Bretagne, comme on m'a menti à moi-même quand je n'étais qu'un enfant ; mais, à cette heure, je suis homme !

Sur qui donc le roi fera-t-il tomber sa vengeance ? reprenait-il abattu. Sur elle, sur elle peut-être ?... Non, il l'aime trop. Sur son mari ? Mais il l'a épousée, m'a dit Cavoie, en secondes noces, il ignorait, il ignore encore peut-être le meurtre et le nom de la victime. Espoir insensé ! Tu n'obtiendras, Régis, ni pitié ni vengeance ! Le roi protége de toute sa puissance souveraine la famille que tu hais. Ah ! pourquoi le marquis m'a-t-il ravi l'honneur et les périls de ce duel ? Maintenant, je serais heureux, la mort aurait mis un terme à mes douleurs !

Ne pas savoir ce qu'elle pense ! s'écria encore l'amoureux jeune homme, elle à qui je pense toujours ! Je tremble de le deviner, elle m'oublie à cette heure, moi pauvre enfant, Sous quelle étoile suis-je donc né, ô mon Dieu, que je ne puisse même me venger d'elle par la haine !

En proie à ces pensées, à ces agitations tumultueuses qui brisaient son cœur, le jeune homme laissa tomber sur lui-même un regard voilé de larmes ; le morne aspect de sa chambre, l'isolement profond au sein duquel il vivait, la privation de toutes nouvelles, les tristes visions qui l'assiégeaient chaque nuit, tout ne l'entretenait que trop dans sa sombre mélancolie. Ce soir-là cependant l'air était doux, et sous le rideau brun des pâles capucines suspendues à sa fenêtre, depuis longues années, par son nouvel hôte, Régis sentait venir les brises de la Seine à son front brûlant. C'était une de ces heures où le silence envahit peu à peu la ville, où la voix des marteaux et des ouvriers se tait. Le jeune homme descendit à la boutique de maitre Sevrin, et le trouva occupé à ranger de son mieux divers instruments de musique qui formaient sa maigre collection.

En consentant à recevoir chez lui le jeune gentilhomme, le luthier s'était dit qu'il avait sans doute quelque amour dans le quartier, ou peut-être encore quelque méchante affaire sur les bras. Le ton et la figure de Régis l'avaient prévenu vite en sa faveur, il craignait de l'interroger, mais il ne se faisait faute de jaser avec sa femme sur celui qu'ils nommaient *le mysté-rieux*. L'argent que Régis avait reçu, à son départ de Bretagne, de la baronne de Morlac sa tante, n'était pas encore épuisé ; le jeune homme en avait employé une partie à s'acheter lui-même, au Temple, les vêtements les plus modestes, en quittant cet hôtel dont le seul vide l'effrayait. Sans son épée dont il n'avait pas voulu se séparer, et sans sa bonne mine, on l'eût pris pour un fils de simple artisan. Dans le fond du cœur, il éprouvait une joie ironique de cette transformation, il se félicitait d'avoir quitté l'uniforme.

— Du moins, se disait-il, je ne serai plus au service d'un prince que je hais, d'un prince qui a laissé mourir l'un de ses serviteurs sans se charger lui-même du soin de venger un

crime ! D'ailleurs ai-je encore le droit de porter
cet habit, moi qui ai laissé un autre se battre
à ma place , moi qui me suis laissé retenir par
les larmes de celle qui me trahit?

Régis s'arrêta un instant devant le comptoir
du luthier ; maître Sevrin était alors occupé à
remonter les cordes d'un instrument fort à la
mode en ce temps-là et qu'on appelait *angélique;*
il ressemblait à un luth , à l'exception du man-
che qui était fort long. La femme du luthier en
considérait les rubans avec attention ,  et sur la
demande de Régis  à qui pouvait appartenir
cette angélique :

— Nous n'en savons rien , reprit-elle , si ce
n'est qu'elle appartient à un prisonnier qui
habite le n° 3 à la Bastille.

— Vous ignorez son nom ?

— Il n'a pas jugé à propos de nous le dire ;
seulement c'est un homme de grande mine, un
homme de la cour, je le parie. Jean, notre
apprenti, auquel il a donné commission , il y
a huit jours , de remonter cette angélique à laquelle il paraît tenir beaucoup, nous l'a dit.
Il est allé au pays pour se marier, ce digne
Jean ; mais en son absence , dès après-demain,
je compte reporter cet objet à son légitime
propriétaire.

Les jolis rubans ! reprit-elle en s'adressant à Régis; voyez donc, monsieur, ils sont tout cannetillés d'argent; on dirait que les plus fines mains de la cour les ont ajustés. Le pauvre prisonnier doit regretter fort son instrument, car, en attendant qu'il soit réparé, nous n'avons pu lui donner qu'un luth de hasard, et qui est loin à coup sûr de valoir le sien; mais c'est demain fête, et j'ai juré que j'aurais ce soir mis son angélique en état...

Régis était retombé dans ses réflexions; ses deux hôtes l'examinaient à la dérobée, ils espéraient sans doute découvrir le motif qui l'amenait à se cacher rue de l'Orme, lui dont les doigts étaient certainement fort dignes de toucher les cordes de cette angélique.

— N'avez-vous donc jamais eu l'envie de visiter la Bastille? reprit le luthier comme pour distraire le jeune homme, c'est là cependant un endroit bien fait pour piquer la curiosité des Parisiens; mais n'y pénètre pas qui veut. Moi qui vous parle, je ne l'ai jamais osé; j'y envoyais Jean, notre apprenti. Dame, j'y ai vu entrer depuis que j'habite ici beaucoup de gens; j'en ai vu si peu sortir!

— Baste! reprit la luthière, on les plaint, et ils reçoivent des visites tout aussi bien que chez eux. Ne te souvient-il plus de ces belles dames qui venaient voir dans le temps je ne sais plus quel marquis ? On lui donnait les violons du haut du rempart.

— Oui, mais te souvient-il aussi, répliqua le luthier, de ce jeune homme d'Auvergne qui était, je crois, enseigne au régiment de Royal-Piémont, et qui s'est étranglé par désespoir dans sa chambre, avec la jarretière de sa maîtresse ?

— Laissez donc, mon grand-père m'a toujours conté que, lorsque M. le maréchal de Bassompierre sortit de cette prison, il était si gros qu'il ne pouvait passer par les portes.

— Et moi, j'y ai vu le chevalier de Rohan aussi pâle qu'un linge ; le beau brin de jeune homme que cela faisait ! vingt-deux ans ! Sa parente, madame de Soubise, aurait cependant pu le faire absoudre, elle qu'on disait alors si bien avec Sa Majesté.

Maître Sevrin ne vit guère le nuage de pâleur que ces paroles et ce nom produisirent sur le front du jeune homme, car à peine venait-il de le prononcer, que Régis entr'ouvrit la porte brusquement et prit le chemin du rempart de l'Arsenal. La nuit tombait peu à peu, la femme du luthier se vit forcée d'allumer sa lampe, tant l'intérieur de cette boutique était obscur. Elle venait de terminer la réparation de l'instrument, qu'elle avait replacé dans sa chemise de serge violette.

—Hum ! grommela le luthier, sans l'absence de Jean, dont je loue ainsi la chambre, je n'aimerais pas, femme, à loger quelqu'un par ce temps-ci.

— Pourquoi donc, monsieur Sevrin?

—Parce que c'est l'année des empoisonneurs et de la chambre de l'Arsenal, sais-tu bien ? Qui nous dit que ton protégé ne soit pas neveu de la Voisin, ou de cette horrible madame de Tingry, dont j'ai raccommodé un jour le clavecin ? On a tort de parler Bastille devant les gens qu'on ne connaît pas. Depuis que M. de Luxembourg y a été enfermé, il pleut des espions autour de nous. Pas plus tard que ce soir, je compte m'expliquer avec notre jeune homme: il a beau être charmant, il faut que je sache à quoi m'en tenir.

—Laisse-moi l'interroger; tu feras quelque sottise, monsieur Sevrin ; tu n'as jamais su parler aux gens de condition.

— Tu as raison, je te laisse ce soin-là. Vous autres femmes, vous vous y entendez mieux. Tire-lui les vers du nez quand il va revenir de sa promenade ordinaire... Je vais régler mes comptes au premier étage, entends-tu ?

Et se reposant sur sa femme de cet interrogatoire délicat, maître Sevrin s'en fut se coucher après lui avoir donné le bonsoir.

Cependant, après avoir longé les remparts de l'Arsenal, Régis s'était arrêté devant les tourelles noirâtres de la Bastille. L'aspect de ce sombre édifice n'avait rien d'inattendu pour le jeune homme, il l'avait entrevu déjà bien des fois ; bien des fois, à l'entrée de la nuit, cette prison morne et silencieuse comme la tombe avait revêtu pour lui des formes fantasques ; ses abords muets, ses flaques d'eau verte dans lesquelles plongeait et replongeait le jet des lumières intérieures, lui rappelaient involontairement la Sèvre et le manoir de Clisson.

— Le cachot de mon père était plus affreux que tous ceux-là, pensait-il en cherchant à percer par la pensée la pierre humide de ces murs ; ici du moins l'eau ne monte pas aux lèvres du prisonnier, elle n'étouffe pas la victime ! Cette femme dit vrai, il y a ici bien des malheureux qui souffrent, mais il y a aussi bien des indifférents qui s'étourdissent, bien des captifs qui espèrent. Que ne m'est-il donné d'espérer encore comme eux ! mais, hélas ! il ne me reste plus que la vengeance. J'étais jeune, heureux d'ouvrir mon cœur à l'amour : il faut que je ne l'ouvre plus qu'à la haine ! Séparé de tout bonheur, j'envie les chaînes de ces hommes, je changerais ma vie de bon cœur contre l'éternité de leur cachot.

Régis tressaillit comme s'il se fût surpris lui-même une pensée lâche au fond du cœur.

— Ai-je donc, se dit-il, le droit de me soustraire à mon supplice? Non, je dois le subir; je ressemble aux anges bannis, je ne reverrai jamais ma pauvre Bretagne; mais rassurez-vous du moins, je vous vengerai, vous tous que le caprice absolu d'un maître retient vivants dans ces tombes dont nul ne sait les secrets. Abandonné du ciel, j'accomplirai seul cette mission de l'enfer, j'immolerai cet homme qui a laissé immoler mon père. Oh! quand pourrai-je donc me trouver face à face devant celui qu'on nomme le roi?

Et s'abandonnant à la violence de ses pensées, devant cette impénétrable forteresse, ces cachots plus redoutés que la tour même de Vincennes, il regardait la bague qui brillait à son doigt, et qui portait la devise des Kerven : *Haud immemor.* La lune s'ouvrait passage en ce moment au sein de nuages déchiquetés qui couraient au-dessus de la ville; on n'entendait que le cri des sentinelles qui se répondaient. Tout à coup, le Breton entrevit une lumière assez vive à l'une des tours; c'était la seule fenêtre dont le treillis fût ouvert. Un homme d'assez haute taille, dont Régis ne put d'abord distinguer les traits, s'appuya bientôt sur le rebord de cette fenêtre et pinça les cordes d'un luth à l'aide duquel il accompagnait son chant. Le prisonnier fredonnait une *brunette* du jour ou air tendre ; le mode de cette romance était plein de suavité. La façade du donjon où il se trouvait se vit bientôt inondée par une radieuse traînée de la lune. Régis poussa un cri ; il venait de reconnaître la personne qui chantait. De son côté, l'homme au luth avait remarqué Régis ; il referma bientôt sa fenêtre en lui jetant son nom comme la dernière note de sa romance. Cédant alors au prestige singulier de cette rencontre, Régis courut vite à la demeure du luthier. Neuf heures du soir venaient de sonner ; il trouva son hôtesse posant elle-même à l'extérieur les volets du magasin. Quand cette femme se retourna, elle eut presque peur du jeune homme, tant il était pâle.

— Madame, s'écria Régis en joignant les mains et en lui montrant l'enveloppe de serge où reposait l'instrument, par pitié, donnez-moi cette angélique.

— Cette angélique, à vous ! qu'en voulez-vous faire, bon Dieu ?

— La reporter à son maître, il faut que je le voie à l'instant même, que je lui parle.

— Y songez-vous ! parler à cette heure à un prisonnier de la Bastille ! il est neuf heures du soir, et passé quatre heures on ne reçoit plus.

— Celui-ci me recevra, vous dis-je, c'est un gentilhomme de mes amis, le gouverneur doit avoir quelques attentions pour lui. Vous voyez mon habit, c'est celui d'un ouvrier, on me prendra à la Bastille pour le frère de Jean, votre apprenti.

—Miséricorde ! s'écria la femme du luthier, et que dira mon mari de ces belles choses ?

— Tout ce qu'il voudra, ma chère madame Sevrin, mais l'affaire est pressée. Comment faisait Jean lorsqu'il entrait ?... Il avait une carte, un permis... Je vous en conjure, ma chère madame Sevrin, ne me privez pas de voir le prisonnier ce soir même.

—Vous êtes un enjôleur, reprit l'hôtesse de Régis, qui ne voulait point paraître émue du son de cette voix pénétrante et douce. Voici la carte de Jean ; mais vous me donnez votre parole...

— Je vous laisse en gage mon épée, qui vaut bien votre angélique, et ma bourse pour vous prouver que je ne suis point un voleur.

Et il remit sa bourse aux mains de la femme du luthier.

— Ne faites pas de bruit au moins en fermant le loquet de la boutique ; mon mari n'est peut-être pas encore endormi. Il me reprocherait ma faiblesse, le pauvre cher homme : la peur le saisit, rien qu'à entendre la cloche de la prison... J'oubliais... voici le manteau de Jean et son tricorne, cela complétera votre ressemblance avec lui. Adieu, bonne chance, et revenez bien vite ! Voici une clef pour que mon mari n'entende rien.

Et madame Sevrin, marchant alors sur la pointe de ses hauts talons, suivit longtemps des yeux Régis, qui avait pris l'angélique sur le comptoir.

— Que penser de tout ceci ? soupira-t-elle quand le jeune homme se fut éloigné, et en pesant sa bourse.

La bourse était légère, mais le front de madame Sevrin s'éclaircit quand elle se rappela l'épée. Le silence devint peu à peu complet dans la maison à l'image du *Roi David*, et on n'entendit plus bientôt que le sifflement criard des girouettes rouillées de la Bastille.

# XV


Arrivé à ce redoutable guichet sous lequel s'étaient courbés tant de fronts, Régis éprouva une sorte de crainte vague et subite; il eut peur de se voir peut-être détenu à tout jamais dans ces murs, sur cette lande de pierre séparée du reste de la ville. Il avait entendu raconter tant de fables terribles sur un pareil lieu, qu'il ne fut pas surpris de s'y voir arrêté dès le premier pas; l'un des geôliers le repoussa même assez rudement lorsqu'il présenta son permis.

— Ne pouviez-vous donc pas choisir une autre heure pour rapporter ici cet instrument, lui dit-il, et pensez-vous que je laisse entrer dans la Bastille des messagers de votre façon? Laissez-moi cette angélique, je la remettrai moi-même.

— Ce n'est qu'au prisonnier que je dois la rendre en échange de celle que réclame mon maître, répondit Régis avec fermeté; demain, il faut que je parte pour la province, et mon patron veut être soldé ce soir même.

— Pour ce qui est de l'argent, reprit le geôlier d'un ton radouci, le gentilhomme qui est là-haut n'y regarde pas, je le sais, et le gouverneur de la Bastille a pour lui les plus grands égards; dites-moi votre nom, je m'en vais le prévenir.

Le Breton demeura interdit quelques secondes, ne sachant trop s'il devait s'appeler *Jean* ou *Régis*.

— Vous avez l'air de réfléchir, objecta le geôlier en arrêtant sur Régis un regard soupçonneux. Voudriez-vous, d'aventure, me jouer pièce?

— Dites au prisonnier que c'est le jeune homme qu'il a vu tout à l'heure sur le rempart quand il pinçait du luth à sa fenêtre.

— C'est bon, attendez-moi là, dans cette

cour ; le n° 3 décidera lui-même , c'est plus simple.

Régis se promena quelques minutes ; un bruit de clefs le fit tressaillir : c'était le geôlier qui revenait.

— Vous pouvez entrer , dit-il au jeune homme , mais le gouverneur m'a donné l'ordre de fermer les portes à dix heures : suivez-moi , prenez la corde.

Ils montèrent tous deux par un escalier à vis des plus roides , jusqu'au n° 3 , dont le geôlier tira le verrou. Le prisonnier fit signe au guide de Régis de les laisser seuls.

Dès que le geôlier se fut retiré , Régis sauta au cou du prisonnier et le pressa quelque temps contre sa poitrine. Sa voix était oppressée , des larmes de plaisir et de douleur roulaient dans ses yeux.

— Vous ici , monsieur de Cavoie , murmura-t-il , vous ici , et à ma place !

Il est certain , mon cher , répondit le marquis , que , sans votre belle équipée du bal de Saint-Germain , je courais grand risque de ne jamais revoir la Bastille ; mais je ne me plains pas , j'y suis habitué , tandis que vous...

Régis parcourut du regard la chambre de son ami ; elle aurait pu, sans les barreaux , passer pour un appartement de gentilhomme. Le lit

en était orné d'une vieille pente de damas
rouge ; il y avait deux flambeaux à branches
d'argent sur la table. Un miroir assez large,
retenu au mur par un clou robuste, formait
le dessus d'une toilette à compartiments d'é-
caille, sur laquelle le marquis avait rangé sa
poudre de Chypre, ses flacons d'essence, ses
broderies, ses dentelles. Quelques livres et
deux ou trois bouquets de fleurs à demi fanés
reposaient en face sur une table. Le luth de
maître Sevrin gisait sur une chaise à côté d'un
fourreau d'épée, car, en passant le seuil de ce
cachot, le prisonnier avait dû remettre la sienne
au gouverneur.

— Vous ne paraissez pas émerveillé de me
voir logé aux frais du roi, reprit gaiement le
marquis ; ce palais ne vaut-il donc pas ma
chambre de Saint-Germain ? Mais comment se
fait-il que je vous retrouve sous ces habits ?
Parlez : qui vous a donné pour moi cette angélique que vous rapportez ?

Quelques mots de Régis suffirent pour mettre
le marquis au courant de ce qui s'était passé ;
il lui fallut bientôt satisfaire, à son tour, aux
questions réitérées du Breton.

— On vous a donc dénoncé au roi ? demanda
Régis. Ne me cachez rien, car je suis résolu à
prendre ici votre place.

— Laissez donc, vous avez autre chose à faire, mon jeune ami ; je vous dirai cela tout à l'heure. Mais d'abord procédons par ordre. Eh bien ! oui, puisque vous voulez le savoir, la forêt de Saint-Germain n'est pas si noire que des indifférents qui s'y promènent n'y puissent voir luire deux épées. Deux de messieurs les maréchaux que le diable y poussait, je crois, ce soir-là, pour mon malheur, ont joui de ce beau coup d'œil. Vous pouvez bien penser que, me sachant leur ami, ils se seraient gardés de sévir contre moi ; mais la famille du baron a porté plainte. Dès lors il y avait contre moi dénonciation ; messieurs les maréchaux ont dû agir. Comme je sortais du jeu du roi à Marly, M. de Brissac, le major des gardes, m'a poliment prié, l'autre semaine, de monter avec lui dans un carrosse. Des chevaux de poste pour se promener, me suis-je dit, peste ! c'est un mauvais signe ! Je ne me trompais pas : la promenade n'a fini qu'ici.

— Et le baron ?

— Le baron ? Dieu lui fasse paix, mon cher ! Il est, à cette heure, en terre sainte. Que voulez-vous ? on ne se frotte pas deux fois à son maître. Il a voulu sa revanche, et j'ai le malheur d'avoir gagné.

— Mort ! s'écria Régis ; ils vont vous demander compte de son sang versé! Ah! marquis, ne pouviez-vous pas me laisser le soin de répondre à son insulte?

— Pour qu'il vous tuât, n'est-ce pas? Savez-vous que sans être de première force, le baron était dangereux? Ce n'est, après tout, qu'un menteur, un fanfaron de moins; la cour en aura toujours assez. Pour mon compte, je ne voulais que le désarmer; mais il a été si maladroit! Bref, tous les d'Éterville, petits et grands, jeunes et vieux, sont maintenant accourus en poste de la province; ils obsèdent le roi, le tribunal des maréchaux, et, comme vous le savez, il y a pour moi récidive...

— Il y aura aussi double sévérité, cela est à craindre. Mais madame de Soubise, mais *lui!* car c'est enfin pour *lui*, *lui* que je hais et dont je ne dois plus prononcer le nom, que vous vous êtes battu, ne me l'avez-vous pas dit, marquis? elle est sa maîtresse! *Sa* maîtresse! ah! le fer qui a tué d'Éterville entra moins froid dans son cœur que cette parole que vous m'avez jetée en l'emmenant! Quoi! ne s'est-elle donc pas prosternée pour vous aux genoux de son amant? Ne lui a-t-elle pas demandé votre grâce?

L'anxiété visible avec laquelle Régis prononçait ces mots émut le marquis; il vit que la blessure du jeune homme saignait encore.

— Madame de Soubise a vainement inter-cédé pour moi auprès de Sa Majesté, répondit-il avec calme ; le roi veut faire un exemple, je n'en doute pas. Que me réserve-t-il ? je l'ignore ; une détention perpétuelle peut-être : ce sera ma seule grâce. La déclaration de mes témoins eux-mêmes ne saurait me sauver ; ils ont fui, ainsi que ceux de d'Éterville. Des lettres m'apprennent qu'ils ont gagné la frontière d'Allemagne.

— Ainsi, plus d'espoir ! j'aurai été moi-même l'artisan de votre ruine ! Oh ! cela ne sera pas, marquis, je réclame de vous mon droit et ma place. Moi aussi, voyez-vous, moi, je veux parler à cet homme, je veux lui demander pourquoi il punit les duels, lui qui ne punit pas l'assassinat !

— Que voulez-vous dire ? demanda Cavoie, étonné en ce moment de la violence de cette haine qu'il n'avait pas même soupçonnée jusque-là, et plus encore des dernières paroles de Régis.

— C'est mon secret, reprit-il en fixant le sol d'un œil égaré. Ce que je puis vous promettre, marquis, c'est que je verrai le roi.

Il y avait dans l'accent de Régis une énergie si âpre et si fière, que Cavoie le pressa de s'expliquer ; l'altération de son visage et sa pâleur l'effrayaient.

— Vous me cachez, Régis, une douleur plus grande encore que celle de votre amour, lui dit-il en lui prenant la main d'un air attendri et alarmé ; vous vous défiez de moi, de moi, votre seul ami !

Régis soupira ; c'était la première fois que cet homme insouciant lui parlait ainsi. Il avait placé le doigt sur la plaie, il l'interrogeait avec noblesse et bonté. Cavoie attachait alors ses yeux sur ses yeux, il écoutait son silence et les battements de son cœur. A la lueur de la lampe qui éclairait cette chambre, Régis voyait les larmes qui débordaient presque ses paupières. Il en fut touché, il se résolut à tout lui avouer, comme à un véritable confesseur, et, tirant de son sein le placet qu'il devait présenter au roi, il le lui donna pour qu'il le lût. Pendant cette lecture, le marquis donna des signes réitérés d'étonnement ; un tremblement convulsif froissa ses lèvres. Il porta enfin la main à son front comme un homme accablé sous le poids de la stupeur, de l'indignation et de la colère ; il n'osait croire encore, il doutait. Régis se tenait devant lui immobile et sombre, comme l'exécuteur devant sa mission.

— Et cela est vrai, interrompit enfin le marquis, cela est vrai, et vous demandez justice au roi ! Justice ! oh ! c'est un mot rayé de son livre, enfant ! N'a-t-il donc pas signé lui-même l'arrêt de ses plus chers serviteurs? N'a-t-il pas élargi cette prison, autrefois la prison des princes du sang et de la noblesse de France? Lauzun, Bussy de Rabutin, de Vardes, le comte de Guiche, Cherberg, le duc d'Estrées, le duc de Fronsac, le comte d'Harcourt, n'y ont-ils pas gémi, comme Fouquet et Pélisson à Pignerol ? Et moi, moi qui ai versé mon sang pour lui, ne m'y retient-il pas prisonnier, dans ce cachot !

Cavoie s'arrêta, soit qu'il se repentit de s'être laissé entraîner à un mouvement dont il n'avait pas été maître, soit qu'il prévît, à la seule contenance de Régis, le dessein que méditait le jeune homme. Affaibli, troublé par ce qu'il venait de lire, il examinait le Breton dans un silence consterné.

— Doutez-vous encore, reprit Régis, doutez-vous, marquis, de mon amour et de ma misère? Oui, je hais le roi, parce qu'il a laissé tuer mon père, je le hais parce qu'il aime celle qui l'a fait tuer ! Je me vengerai, murmura-t-il d'une voix sourde ; puisque la volonté de Dieu n'intervient pas, la mienne fera son devoir. C'est pour cela, marquis, que je suis venu vous dire adieu, à vous mon seul confident. Encore une fois, il faut que vous revêtiez ce manteau et ces habits, que vous me laissiez ici. Partez, gagnez la frontière; moi, je saurai mourir, mais je ne mourrai pas seul. Ce placet dans une main, ce poignard dans l'autre, j'irai le trouver, celui qui se dit l'élu de Dieu, et je lui demanderai compte du sang versé, à ce roi de France qui oublie!

— Insensé que vous êtes! écoutez-moi donc à votre tour, lui dit le marquis. Le roi est votre maître comme il est le mien, Régis. Il entre dans votre haine plus de jalousie que de raison. Oui, vous êtes en droit de demander justice d'un meurtre, d'un meurtre odieux que le roi ignore sans doute, et s'il vous faut mon aide, j'irai tout le premier joindre ma voix à la vôtre ; mais à quoi bon chercher une réparation impossible? Le roi ne vous l'accordera pas. La famille de Rohan s'appuie depuis longtemps sur l'impunité. Croyez-moi, Régis, croyez aux paroles d'un homme qui a pour vous, à compter de ce jour, toute la tendresse de ce père que la mort vous a ravi : ce n'est pas moi qui dois fuir, c'est vous, oui, vous, malheureux enfant, d'une nature trop noble pour comprendre l'ingratitude, d'un cœur trop élevé pour vous ployer à tous les manéges de cour. Fuyez, Régis, fuyez; l'air empesté de cette ville n'est pas fait pour vous. Dès que vous avez mis le pied dans Paris, vous avez amassé

autour de vous trop d'orages. Vous m'offrez de
prendre ma place? mais vous ne réfléchissez
pas qu'il vaut mieux que je meure, moi soldat,
moi gentilhomme, dont la carrière se sera ainsi
terminée en vengeant une femme qui ne le méritait pas, que de vous voir pris, détenu ou
tué impitoyablement à ma place! Je suis dans
la force de l'âge et de la valeur, mais j'ai assez
de la cour et du service du roi, j'y renonce. A
chaque promotion le roi m'a reculé pour la
charge que je demandais; il est dégagé de tout
serment, me voilà ici. Puisqu'il a refusé ma
grâce aux prières d'une maîtresse, puisque les
pleurs de mademoiselle de Coëtlogon elle-même
n'ont pu cette fois le toucher, il ne me reste
plus qu'à attendre... Quand sonnera l'heure de
son tribunal, je me présenterai devant mes juges avec assurance; ils ont de la mémoire,
ceux-là; ils savent ce que j'ai fait pour l'honneur de sa couronne !

Le visage de Cavoie, empreint d'une résignation solennelle, frappa Régis; c'était celui d'un
homme aigri par les passe-droits et les injustices
voilées, une nature droite et ferme irritée en
secret de ne pas voir rendre gloire au vrai mérite, mais couvrant encore de ses respects et
de son silence les torts du monarque qu'il avait
servi.

— Oui, continua-t-il en tendant au jeune homme une main qui ne tremblait pas, il faut que ce soir même vous me promettiez de partir; si l'argent vous manque, j'en ai assez pour assurer votre fuite. Sachez-le, d'ailleurs, il y a une personne dont vous faites le malheur et que vous devez entraîner avec vous loin de Paris; et cette personne est mademoiselle Berthe de Pontareuc.

— Berthe! s'écria Régis, vous l'avez vue, elle vous aurait parlé? Ah! j'étais bien sûr que sa pitié ne me manquerait pas plus que son amour; mais je suis indigne d'elle, vous le savez.

— Oui, reprit Cavoie, Berthe vous aime et vous plaint; la pauvre jeune fille sait tout. Elle-même est venue ici avec mademoiselle de Coëtlogon me demander d'abord ce que vous étiez devenu; pouvais-je donc le lui apprendre? Le soir même de notre séparation, madame de Soubise rentrait avec moi au sein de cette cour étonnée de la revoir; elle y reprenait sa place. Le roi s'est montré sourd à ses prières, à celles de Blanche et de Berthe, deux anges protecteurs qui veillent sur nous. A dater de cet instant, toutes deux se sont donné parole pour me visiter ici chaque jour. Chaque jour les murs de ce cachot entendent votre nom; il y a pour moi, dans ce double engagement de leur cœur, un

charme indicible qui me console de ma misère.
Cette angélique, c'est Blanche qui en a brodé
les rubans; bien souvent assise avec Berthe,
son amie, à cette fenêtre, elle a chanté sur ses
cordes de mélancoliques refrains de votre Bretagne. Un soir l'angélique s'est rompue, Berthe
l'avait peut-être fait trop chanter; ses doigts
convulsifs la laissèrent rouler sur le parquet.
La pauvre enfant versait des larmes abondantes.

— Si vous saviez, me dit-elle, ce que j'ai tenté
pour lui! Ce matin encore, ignorant où il pouvait se cacher, je me suis arrêtée à une idée
cruelle, horrible... J'ai cru qu'il vivait sauvé
par elle, ma rivale; qu'ils se voyaient peut-être,
que Régis avait fait taire pour cette femme toutes les voix implacables qui devaient crier au
fond de son cœur. Je me suis armée de courage,
je suis allée toute seule à Versailles, là j'ai demandé à être introduite près de madame de
Soubise. Je vous en conjure, lui ai-je dit, en
abaissant ma fierté jusqu'à la supplier comme
une mère, je vous en conjure, madame, dites-
moi où est Régis. Je vous laisse le roi, mais
laissez-moi ce que j'aime! Et se soutenant à peine,
elle embrassait ses genoux. En ce moment le
roi a paru sur le seuil de l'appartement : il revenait de la promenade. Aux larmes et aux discours de mademoiselle Berthe de Pontareuc, il

n'a répondu que par ces seuls mots : Mademoiselle, il est inutile de supplier davantage madame
la princesse ; elle a fait ce qu'elle a pu, le reste
nous regarde, nous y penserons. Et prenant le
chemin de la galerie des tableaux, il a passé
outre, laissant ce noble cœur d'une sensibilité
si vraie et si tendre abîmé dans sa douleur pour
un ingrat.

— Pauvre Berthe ! murmura le jeune homme,
elle ne sait donc pas que Dieu m'a déshérité de
sa providence ! Oui, je suis ingrat, vous l'avez
dit avec justice, j'ai brisé le seul cœur qui
m'aimât !

Et pour la première fois peut-être, Régis,
interdit, frémissant, s'indigna de sa lâcheté.
A côté du nom de Berthe, il n'osa pas prononcer celui de madame de Soubise. Elle ne l'aimait pas ; l'avait-elle jamais aimé ? Il contempla
le fond de son cœur avec une tristesse profonde,
il reconnut ce cœur brisé par une folle passion
dès l'apprentissage de la vie. Régis se rappela
le foyer seigneurial du vieux château où, pour
la première fois, il avait vu Berthe ; il se re-
porta par la pensée à des jours bénis et meilleurs.

— Maintenant, reprit Cavoie, quelles paroles me chargez-vous de porter à mademoiselle
Berthe de Pontareuc? Plus heureux que moi,

Régis, puisque vous êtes libre, vous pouvez réparer noblement vos torts envers elle ; apprenez maintenant le péril qui la menace. Maîtresse d'un beau nom et d'une haute fortune, elle a vécu jusqu'ici dans la retraite, pleurant et vous attendant. Le procès que les d'Éterville lui ont intenté n'est point terminé ; la mort du baron rallume leurs prétentions. Je sais de bonne part que l'un d'eux a osé demander la main de mademoiselle de Pontareuc ; il espère gagner le roi ; M. de Louvois l'appuie fortement. Dans une circonstance si épineuse, il vous faut prendre un parti.

— Lequel ?

— Celui de partir avec Berthe, de la soustraire aux obsessions qui l'entourent. Berthe, prévenue par moi, vous attendra demain ici ; je vous instruirai de l'heure, vour partirez avec elle, et vous gagnerez les côtes d'Angleterre. Je ne crains plus à cette heure la disgrâce du roi, il saura tout. Oui, je lui dirai que c'est moi qui ai assuré votre bonheur, je lui montrerai, s'il le faut, l'autorisation écrite de Berthe. Régis, vous m'avez parlé comme un fils, je vous donne ici les conseils d'un père. Arrachez-vous aux chances de fatalité qui pèsent sur vous, fuyez l'ange du mal qui creuse autour de vous son cercle aride. Ce que vous m'avez dit de votre projet de vengeance me glace le cœur. Vous êtes coupable , Régis ; le châtiment des rois n'appartient qu'à Dieu. Promettez-moi d'être heureux, voilà tout ce que je vous demande.

— Heureux ! le serai-je jamais en étant lâche ? Vous souffrez , vous devez peut-être mourir à ma place, et vous me parlez de fuir ?

— La liberté, reprit Cavoie, n'est pas un trésor pour moi ; je suis plus libre ici qu'à Versailles et à la cour , car je vous ai dit ce que je pensais. Je n'ajoute plus qu'un mot. Le roi doit chasser à Fontainebleau dans huit jours. Les préparatifs de cette chasse, que l'on dit étrange, absorbent tous ses moments. D'ici à huit jours, on ne lui parlera d'aucune affaire, je le sais. Du fond de cette prison, je pourrai donc veiller sur votre départ, je n'aurai rien à faire avec MM. les maréchaux et leur tribunal. Nous concerterons tout pour votre fuite. Restez où vous êtes, ne revenez plus ici , la fréquence de nos conversations éveillerait le danger. Le gouverneur a servi avec moi en volontaire dans l'armée navale de Hollande contre les Anglais ; il m'est dévoué, mais il est surveillé lui-même. Berthe ira vous voir avec mademoiselle de Coëtlogon. Régis, votre sort et le bonheur d'une femme sont entre vos mains ; partez.

Le marquis achevait à peine ces paroles,

qu'un bruit se fit entendre à la porte du cachot :
dix heures sonnaient alors à la tour du Puits.
Agité de mille sentiments divers, Régis baisa la
main de Cavoie. Dans le trouble qu'il éprouvait,
il ne vit pas le marquis brûler un autre papier
au lieu du placet qu'il venait de lui donner à
lire.

— Tenez-vous prêt demain, lui dit Cavoie à
voix basse. Je brûle ce placet ; qu'avec lui
s'effacent toutes vos folles idées !

Régis prit le luth de maître Sevrin, et, sa-
luant le prisonnier, il suivit son guide jusqu'au
guichet qu'il lui rouvrit devant le capitaine des
portes.

# XVI

De tous les caprices étranges et merveilleux
de Louis XIV, celui d'une chasse à la lune,
donnée par ce prince dans la forêt de Fontainebleau, ne fut pas un de ceux qui signalèrent le
moins cette époque resplendissante.

Les mémoires du temps font mention de cette
féerie fantastique, invention romanesque, et
qui n'eut pas de peine à effacer jusqu'au souvenir des fêtes prodigues données à Versailles
en 1668, tant l'originalité a d'influence sur l'esprit des courtisans, fatigués des pompes régu-
lières et compassées qu'ils voient chaque jour.

En effet, après ces étonnants carrousels, où l'or et les pierreries ruisselaient sur des seigneurs transformés en Zégris et en Abencerrages, ces collations éblouissantes près des cascades et des charmilles, ces camps de Saint-Germain, où les gentilshommes donnaient aux dames la représentation d'un assaut, ces bals, ces feux d'artifice, tout ce luxe royal avec lequel avait osé lutter l'imprudente ambition de Fouquet, une idée pareille, en dehors de tous les plaisirs habituels à cette cour, devait aviver singulièrement l'appétit le plus blasé.

Aussi, dès le matin du jour choisi pour la chasse, M. le marquis de Saint-Hérem, capitaine-garde et gouverneur de la forêt de Bierre, bourg et château royal de Fontainebleau, avait-il déjà mis tout sur pied, ses lieutenants, ses rechasseurs, ses gardes à cheval. Les moindres carrefours de la forêt étaient cernés, les cantons de chasse avaient leurs torches et leurs piqueux choisis pour le soir. Les bourgeois de Fontainebleau se regardaient entre eux d'un air ébahi, en voyant ces préparatifs; les plus vieux ne se rappelaient rien de semblable. M. le duc de Penthièvre, remplissant l'office de grand veneur, était arrivé de la veille avec ses quatre lieutenants de la vénerie, servant par quartier, l'équipage des lévriers de Champagne et des chiens de Vendée, les valets de limiers et les piqueurs cavalcadours. Dans la cour du Cheval blanc, ce n'était que bruit et confusion ; les uniformes, les habits de toute sorte y formaient un bariolage curieux et digne du pinceau de Vandermeulen.

Cependant le soir était venu, les abords de la forêt retentissaient du son des fanfares ; les chevaux, les coches à crépines de soie, les attelages brillants sillonnaient les routes percées dans l'immense forêt. De temps à autre, les rafales d'un vent piquant et froid fouettaient la résine des torches dont les larges gouttes s'épandaient sur le sable ; les massifs, les branches, les vieux troncs d'arbres frappés par cette lueur subite revêtaient des formes bizarres. L'équipage devait se tenir préparé pour le *vautrait*, le roi chassait alors le sanglier, et le capitaine général des toiles, le marquis d'Ecquevilly venait de présenter déjà à Sa Majesté l'épée et les dards.

Par une belle lune du mois de mars et à quelque distance du gros de la chasse, deux carrosses de la cour, dont tous les rideaux étaient ouverts, emportaient à tour de roues quatre dames admirablement parées d'habits d'amazones à la dernière mode, et qui se penchaient par instants avec un vague sentiment de crainte

pour voir les pages du roi caracoler aux portières de l'équipage. La plus belle de toutes
portait une croix de quatre diamants suspendue
à son cou par un ruban couleur de feu, sa
casaque de soie était rayée de bleu et d'argent,
son feutre à panaches et à galons de l'or le plus
fin, ses gants fendillés en fraise au poignet à la
façon de ceux d'Espagne ; pour sa robe, elle
était de nuance orange, et sur le pommeau de
sa cravache scintillait une magnifique émeraude
qui jetait un vif éclat.

A côté d'elle et dans le fond du carrosse se
tenait une jeune fille aussi belle mais moins
parée, au maintien charmant, aux formes pures
et sveltes ; l'abattement, la pâleur et le silence
de cette jeune fille indiquaient assez l'effort
qu'elle avait dû se faire à elle-même pour
suivre la chasse. Sa main reposait dans celle
d'une autre personne de son âge à l'air mutin et
hardi, à la parole brève, dont le visage n'aurait pu même entrer en comparaison avec celui
de son amie, mais qui semblait du moins racheter sa laideur par l'air de bonté répandu sur
tous ses traits. Elle occupait le devant de la
voiture avec une dame de haute mine et de
grand air qui semblait donner une grande attention aux mouvements divers de la chasse.

Ces quatre personnes étaient madame de Sou-

bise, mademoiselle Berthe de Pontareuc, mademoiselle Blanche de Coëtlogon, et la maréchale
de Rochefort. Leur voiture était suivie par
celle de madame de Montespan qui n'avait avec
elle que mesdemoiselles de Fiennes et d'Alen-
çon. Dans plusieurs autres carrosses, tous à la
livrée du roi, on remarquait mesdames d'Ar-
magnac, de Baden, d'Elbeuf, de Créquy, de
Navailles, de Montansier et de Flex.

Il ne fallut pas longtemps au carrosse de madame de Soubise pour arriver au rond-point où
se tenaient les officiers des toiles ; mais soit
que la princesse eût à cœur de se soustraire
alors au cercle habituel de cavaliers et de courtisans qui se formait autour d'elle, soit qu'elle
ne jugeât pas encore la chasse assez avancée,
elle fit signe à ses gens de tourner bride jusqu'au
pavillon de Sully, rendez-vous habituel de Sa
Majesté, où l'on avait préparé pour cette nuit
même une étourdissante collation.

Ce pavillon, détruit à cette heure, était octo-
gone et composé de trois pièces assez vastes.
Abrité par les chênes massifs du bois, il avait
vu ce soir-là recouvrir sa nudité intérieure par
une foule de tapisseries que M. du Metz, intendant des meubles de la couronne, avait pris
soin d'y faire disposer. De la voûte en forme de
dôme pendaient trente-deux lustres de cristal

portant chacun vingt bougies de cire blanche. Des fruits en pyramides, des mets de toute sorte, des vases remplis de liqueurs figuraient sur cinq tables en manière de buffets. Ce pavillon était vis-à-vis d'une grande cour où se faisait parfois la curée en raison de la distance. On y arrivait par deux terrasses revêtues de marbre noir. Le maréchal de Bellefonds y donnait des ordres pour le souper, quand la princesse fit arrêter le carrosse en cet endroit.

— M'excuserez-vous, monsieur le premier maître d'hôtel, de vous déranger ? J'amène avec moi une malade, mademoiselle de Pontareuc ; il est douteux qu'elle puisse s'asseoir à cette table, bien que désignée, ainsi que ces dames, par Sa Majesté. Nous permettrez-vous d'attendre ici le *beau* de la chasse ? M. de Flamarens doit nous prévenir pour la curée aux flambeaux. Soyez assez bon pour nous ouvrir l'une de ces pièces.

Le maréchal s'inclina, et, soulevant une portière, il introduisit madame de Soubise et ses compagnes dans un cabinet attenant à la salle de collation.

— Nous pouvons du moins causer ici en toute liberté, reprit la princesse. C'est mon conseil privé que j'assemble. Allons, mes deux ministres, continua-t-elle en s'adressant à mesdemoiselles de Pontareuc et de Coëtlogon, quoi de nouveau? Vous savez de *qui* je veux parler ; et la bonne maréchale est du secret, ajouta la princesse en prenant la main de madame de Rochefort.

— Hélas ! répondit Berthe en soupirant comme si la bonté de la princesse l'eùt soulagée d'un grand poids, hélas! aucune nouvelle. Coëtlogon et moi, nous devions nous rendre à la Bastille avec l'excellente madame Cornuel, lorsque Blanche a été retenue par son service. Je suis donc entrée seule dans la prison de M. de Cavoie, seule avec madame de Cornuel, qui de sa vie n'avait vu la Bastille. Le marquis m'a raconté son entrevue avec M. de Kerven, il m'a conseillé d'obéir à la nécessité et de choisir un parti extrême, celui de la fuite. « Notre jeune homme m'y paraît tout disposé, ajoutait-il, voici un sauf-conduit que, par le crédit de M. de Seignelay, je lui procure sous un autre nom ; partez ce soir même avec lui. Ce n'est plus un amoureux, c'est un insensé que je vous confie. Il faut l'arracher à Paris, à un grand péril qui l'y menace.

« — Quel est ce péril? demandai-je.

« — Je ne puis vous le dire, répondit M. de Cavoie, mais de grâce agissez comme je vous l'indique ici ; la folie de M. de Kerven m'épou-

vante. S'il m'était donné de sortir de la Bastille,
je me chargerais seul de tout ; il faut que vous
me remplaciez. Courez près d'ici, il vous attend. »

Je ne laissai pas au marquis le temps d'en
dire davantage. L'idée de revoir Régis me
donnait des ailes, j'eus bientôt franchi la
distance qui me séparait de lui. Je frappai avec
angoisse à la maison d'un luthier que m'avait
enseignée M. de Cavoie, je demandai Régis à
la femme qui se présenta pour m'ouvrir.
« Hélas ! ma belle demoiselle, me répondit-elle
en m'examinant avec intérêt, la personne que
vous me désignez et dont j'ignorais le nom n'est
pas revenue depuis deux jours ! Nous sommes,
mon mari et moi, dans une mortelle inquiétude.
Le digne jeune homme ! ajouta cette femme, il
nous a laissé sa bourse, et n'a pas même repris
son épée. Mais c'est un dépôt, nous le lui gar-
dons, dites-le-lui bien. »

Et elle me fit voir une épée que je reconnus.
Madame Cornuel arrivait en ce moment ; je
l'avais précédée dans ma folle impatience. Une
fois désabusée, je sentis mes genoux fléchir sous
moi ; j'allais me trouver mal, lorsque le luthier
revint.

« Malheur sur nous ! s'écria-t-il, malheur sur
nous ! Nous n'étions pas dignes de recevoir chez

nous un si loyal jeune homme, nous qui le soupçonnions de se cacher pour un mauvais coup! C'est un amoureux, j'en suis bien sûr à présent. Savez-vous ce qu'il a fait après être sorti de la Bastille? Il s'en est allé jusqu'à Bercy en marchant d'un air égaré. Un voiturier que je connais m'a assuré que là il avait vu un jeune homme de sa mise et de sa tournure faire un grand signe de croix, puis se jeter à l'eau. La nuit était noire, le voiturier ne savait pas nager, il a eu peur, il a crié, mais en vain. Le pauvre garçon aura été repêché ce matin par le bateau des gardes du port.

« — Et tu n'es pas allé sur-le-champ au bureau du service des gardes du port? reprit sa femme. Si cela est, tu n'es qu'un lâche, et je te renie!

« — Si fait, j'y suis allé, répondit-il, mais on n'a pu m'y donner aucune nouvelle. Ces gens-là avaient l'air d'ignorer l'accident, et j'ai cru un instant que le voiturier m'avait menti. Cependant, continua le luthier, voilà le manteau et le tricorne de Jean qu'on a retrouvés près du parapet. Tu sais que notre hôte les avait hier. »

A ces derniers mots, je poussai un cri, je m'évanouis; madame Cornuel m'enleva dans son carrosse. J'avais le délire, la fièvre, je balbutiais des mots confus. La nuit je ne pus dormir, je voyais M. de Kerven qui s'asseyait comme un pâle fantôme au pied de mon lit. Le surlendemain seulement et pendant que l'excellente madame Cornuel s'épuisait en démarches de toute espèce pour acquérir des renseignements, un homme apporta mystérieusement une lettre pour moi à notre concierge ; la lettre remise , il partit sans dire un mot. A peine eus-je brisé le cachet de cette lettre, qu'un calme inconnu se répandit dans mon sang. C'était l'écriture de M. de Kerven ; il me disait en effet qu'il avait résolu de se donner la mort dans un moment de vertige et de folie , mais qu'en le sauvant la Providence avait voulu sans doute le réserver à d'autres fins , qu'avant tout il s'était fait un serment et qu'il devait le tenir.

Je n'eus rien de plus pressé que d'aller moi-même montrer cette lettre à M. de Cavoie : Madame Cornuel l'avait prévenu déjà de la disparition de son protégé.

« — Vous êtes perdue, s'écria-t-il, perdue et lui aussi , car je sais ce qu'il médite ! »

Et saisissant un papier qu'il avait serré précieusement dans un tiroir de sa table, il y ajouta quelques lignes, l'enveloppa et le scella de son cachet.

« — Que faites-vous, lui dis-je, et à qui comptez-vous envoyer ceci ?

« — Au roi, me répondit-il, au roi. C’est la seule voie de salut qui nous reste. Dites à madame la princesse qu’elle se garde bien de briser cette enveloppe, et qu’elle la fasse tenir à Sa Majesté le jour de la chasse. »

J’étais trop souffrante pour vous la porter moi-même, madame la princesse, ce fut à Blanche de Coëtlogon que je la remis. Maintenant vous savez tout ; avez-vous accompli le vœu de M. de Cavoie ?

— Sa seule volonté en cette circonstance était un devoir sacré pour moi, répondit madame de Soubise à mademoiselle Berthe de Pontareuc, émue et tremblante du récit qu’elle venait de faire, et qui lui rappelait tant d’émotions cruelles ; j’ai remis ce matin même la lettre du marquis à Sa Majesté. Ah ! Berthe, vous avez souffert ; mais Dieu m’est témoin que je souffre autant que vous !

Il y eut un moment de silence solennel après ces paroles de la princesse, le cœur de ces deux femmes était serré par l’angoisse ; toutes deux eussent voulu le voir et l’entendre en ce moment aimaient Régis, toutes deux leur raconter lui-même les orages violents de sa pensée. Quelle pouvait être cette lettre que Cavoie du fond d’un cachot osait écrire à Sa Majesté ? A quel frêle espoir se rattachait le marquis ? Quel chemin de

salut ouvrait-il au désespoir du jeune homme?
En écoutant ces mots de Cavoie que venait de lui
rapporter Berthe : *Je sais ce qu'il a médité,* madame de Soubise sentit un frisson de glace courir dans ses veines ; elle ne connaissait que trop
l'énergie de ce courage, de cet amour sans issue.

— Mon Dieu ! s'écria-t-elle en donnant à
Berthe un baiser plein de frayeur, il me tarde
de rejoindre la chasse avec vous ; il faut que je
parle à Sa Majesté. Je sais que les parents du baron accusent M. de Kerven de complicité avec
le marquis. Le roi m'a fait ce matin plusieurs
questions sur sa famille, sur vous, chère Berthe,
vous que j'aime comme une fille. Il s'est enfermé dans son cabinet, a signé plusieurs papiers, et quand il est ressorti, je ne sais pourquoi, j'ai eu peur.

— Le vilain roi ! s'écria Blanche de Coëtlogon avec un dépit mutin ; les temps sont bien
changés, madame la princesse ! il m'accordait
tout à moi quand je lui montrais les ongles. Ce
pauvre marquis ! murmura-t-elle, le voilà faisant un bail à la Bastille.

— Sa Majesté est vivement inquiète de vous,
mesdames, interrompit M. de Flamarens en se
montrant, le chapeau à la main, les bottes
poudreuses et ses dentelles à demi déchirées, à
la porte du cabinet ; la chasse est loin d'être fa-

cile à cette heure, et sans l'intrépidité du roi...

— Courrait-il quelque danger? s'écrièrent-elles à la fois en entourant M. le marquis de Flamarens.

— Écoutez donc ! un des grands officiers de la maison de Charles VI, un messire de Gamaches, à ce qu'on m'a conté, encourut une disgrâce parce qu'il avait exposé le roi, par son peu d'habileté, à l'affront de manquer la bête... J'ai grand'peur que M. d'Ecquevilly...

— Courons vers le roi ! s'écria la maréchale de Rochefort avec un courage tout viril, et qui l'eût rendue digne de la pièce de vers de Guillaume Cretin, intitulée : *Le débat entre deux dames sur le passe-temps des chiens et des piqueux.*

Et pareilles aux héroïnes de François Ier, auxquelles ce roi galant offrait le plaisir de la chasse à Chambord, la Meute ou Folembray, elles remontèrent en carrosse pendant que M. de Flamarens aiguillonnait de l'éperon un magnifique cheval sorti des haras du roi d'Angleterre.

La lune étendait sa lueur large et sereine sur la forêt dont toutes les barrières étaient ouvertes. Çà et là de pâles fanaux ou des torches éclatantes dardaient leurs langues de feu dans l'épaisseur des fourrés ; les aboiements de la meute retentissaient sous les chênes. Emportée dans cette voiture rapide, la princesse voyait passer et repasser sous ses yeux les broderies éclatantes de ces gentilshommes, courant tous avec un bruit sourd vers le grand carré des toiles ; elle entendait le craquement des arbres séculaires couchés sous le vent. Arrivée près du chêne que l'on nomme le *Henri IV*, elle eut peur et elle jeta un cri étouffé.

— Qu'avez-vous ? demanda Berthe en se penchant vers l'endroit qui semblait causer la terreur de la princesse. Elle n'entrevit rien qu'une forme noire, indécise, qui semblait posée là comme un tronc d'arbre. La vivacité du trajet ne permettait pas de rien distinguer ; seulement quand les lanternes flamboyantes du carrosse emporté de toute la fougue de ses chevaux, décrivirent leur passage sur le taillis large et sombre, mademoiselle de Pontareuc partagea la crainte de madame de Soubise. Elle avait cru voir un homme en manteau appuyé contre le chêne de Henri IV.

— Le fantôme du grand veneur sans doute ! murmura Blanche de Coëtlogon ; les paysans prétendent qu'il revient à certains soirs dans la forêt, chaque fois surtout que la chasse est mal dirigée.

— Ou qu'il doit y arriver un malheur, ajouta Berthe.

— C'est une folie, reprit madame de Soubise, quelque pauvre diable qui aura voulu voir la chasse du roi !

— Nous avons perdu de vue M. de Flamarens, où est-il donc ?

— Bon ! ne voyez-vous pas sa plume blanche et son habit de drap de Hollande bleu de roi ! Il met pied à terre et va parler à M. de Saint-Hérem près de l'enceinte des toiles.

Une vive lumière inonda bientôt cette partie de la forêt que le carrosse allait atteindre ; les cris nombreux des fanfares sonores, un trépignement continu de pages, de chevaux et de valets, l'éclat des armes, des torches, annonçaient l'entrée du roi dans ce formidable cercle où quarante chiens courants allaient harceler le sanglier. Ce n'était pas là cette meute de chiens d'Écosse, chassant ordinairement le lièvre, mais des chiens de Vendée de la plus grande taille, attendant l'attaque au milieu des clartés trompeuses de cette nuit qui pouvait les mettre en défaut. Déjà le sanglier venait d'être amené et tourné au roi, quand l'animal, furieux de se voir traqué, rompit les toiles d'un bond furieux en éventrant de ses défenses deux valets de chiens qui se tenaient à l'un des angles. Un cri subit, horrible, retentit en même temps ; le roi, ne consultant que sa fou-

gue, avait lancé son cheval à la poursuite de
la bête.

En un instant, la chasse devint un désordre;
les flambeaux agités menaçaient de s'éteindre à
chaque instant sous les tourbillons d'un vent
furieux. La lune elle-même se voilait par intervalle. La chasse devint peu à peu un chaos informe, le souffle pressé des chiens avait l'air
d'un râlement.

Emporté par son cheval, qu'il ne pouvait plus
maîtriser, le roi tombait déjà dans les profondeurs d'un chemin obscur, quand il se trouva
vis-à-vis d'un homme en manteau qui à sa vue
tira le couteau de chasse suspendu à sa ceinture. Une rare éclaircie de lune permit à Louis
de distinguer ce chasseur inattendu ; son seul
aspect produisit sur lui l'effet d'un fantôme.

— Qui êtes-vous, mon gentilhomme? demanda Louis en piquant vers lui résolûment.

Il n'eut pas le temps d'achever, car en ce
moment même, vivement relancé par les piqueurs, le sanglier vint faire face au prince.
L'animal écumant se jeta sur la monture du
roi, blessa le cheval de ses défenses ; Louis se
trouva subitement désarçonné.

— A moi, messieurs du vautrait! s'écria
Louis se croyant à portée de ses officiers.

Mais il était seul, lancé, égaré au milieu de

la forêt. Le personnage en manteau sembla
hésiter une seconde comme si son intention
n'eût pas été d'abord de sauver le roi ; enfin,
voyant le péril que courait Sa Majesté, il s'en
fut droit à la bête, qu'il blessa dangereusement
au cou en fondant sur elle.

— Régis de Kerven, c'est lui !

Ce cri fut poussé par un cavalier qui arrivait
à toute bride suivi de deux pages agitant leurs
torches. Cavoie, car c'était Cavoie, reconnut
alors le Breton en proie à la lutte la plus horrible avec l'animal. Le sanglier, usant d'un
reste de forces, allait se ruer sur lui ; Régis
n'avait ni dard ni épée, son couteau de chasse
venant de s'enfoncer de nouveau dans l'épaule
de son ennemi sans qu'il pût le retirer. Cavoie
mit agilement pied à terre et s'approcha de Régis. En un clin d'œil le Breton lui prit son propre couteau, et d'un bras herculéen le plongea
dans le corps de l'animal. En même temps, les
chiens accouraient ; la chasse entière rejoi-
gnait le roi.

— Ce n'est pas à moi, messieurs, c'est à ce
jeune et brave gentilhomme qu'il faut songer, dit
le prince en remerciant de la main tous les officiers qui l'entouraient. Votre nom, monsieur ?
ajouta-t-il en faisant un pas vers le Breton.

— Régis de Kerven, répondit-il en se redressant de toute sa fierté et en serrant la main de Cavoie.

— Régis de Kerven... oui, c'est bien le nom qui figure au bas du placet que vous m'avez fait remettre ce matin, dit le roi au marquis sans que le jeune homme pût l'entendre. Voici mon libérateur, messieurs, continua-t-il en se tournant vers les cavaliers qui accouraient. Votre cheval, marquis de Cavoie, le mien est blessé; qu'on en donne un autre à ce gentilhomme, j'ai à causer avec lui !

La stupeur du Breton fut au comble; les équipages et les coches de la cour avaient rejoint le lieu du combat, l'hallali sonnait, et Régis ne vit pas sans un mouvement d'orgueil et de joie la brillante voiture qui contenait Berthe et madame de Soubise : leur pâleur à toutes deux était mortelle. En passant devant le roi, elles se contentèrent de quelques signes ; il venait de monter à cheval avec Régis et se rendait à la curée aux flambeaux. Mademoiselle de Coëtlogon poussa un cri de surprise en revoyant le marquis.

— Que peut dire Sa Majesté à M. de Kerven ? demanda Berthe à madame de Soubise.

— Vous allez le savoir bientôt vous-même, reprit la princesse, cela vous concerne peutêtre. Voyez, ne dirait-on pas que le roi lui

parle comme à son fils ? C'est même grâce, même
bonté.

— Écoutez donc, reprit Berthe, il vient de
lui sauver la vie.

— Lui sauver la vie, murmura à voix basse
madame de Soubise, lorsque le marquis vient
de me confier tout à l'heure!... Vous avez
exaucé ma prière, mon Dieu; elle me coûte
assez, puisque je vous ai promis de le fuir.

Une larme mouilla les yeux de madame de
Soubise, Berthe était devenue préoccupée,
Coëtlogon frappait de joie dans ses mains. La
seule maréchale de Rochefort eut assez de présence d'esprit pour aborder la première le roi
près du pavillon de Sully dans la cour duquel
on devait faire la curée; elle le félicita sur
l'heureuse issue de la chasse. Madame de Soubise balbutia une phrase dont le roi fit honneur
à son émotion et au danger qu'il avait couru. Il
tenait la main de Régis et regardait la curée
avec lui du haut de la terrasse. Le Breton était
pâle, mais l'égarement habituel de son visage
avait disparu, on eût dit un fou qui venait de
recouvrer la raison. La parole des rois fait
de ces prodiges, et ce n'était pas le premier
que celle de Louis XIV opérait.

— M. de Kerven, reprit le roi en regardant
le jeune homme avec bonté, je n'oublierai pas

ce que je vous dois. Votre placet m'a mis au courant d'une affaire que je me réserve d'éclaircir; demain M. de Soubise recevra un courrier et quittera son gouvernement de Bretagne pour satisfaire aux réponses que je compte lui adresser.

— Pauvre Soubise! murmura Cavoie, toujours en disgrâce; voilà ce qu'est le sort des maris!

— Marquis de Cavoie, ajouta Louis XIV à voix basse en passant à la salle de collation, je vous ai fait sortir ce matin de la Bastille sur votre seul envoi du placet de ce gentilhomme, et pour recevoir de vous des éclaircissements. Vous n'avez plus que faire de le protéger, de vous battre pour lui surtout; je me charge de sa fortune.

— Et vous le lui devez, sire, répondit Cavoie en s'inclinant. Bien d'autres que lui, aigris par l'infortune et le désespoir, eussent hésité à sauver les jours de leur prince.

— Je le sais, ajouta le roi à l'oreille du marquis, il m'a tout dit à cheval il n'y a qu'une minute.

— Quoi! sire, vous savez!... murmura Cavoie plus pâle encore que Régis.

— Je sais et j'oublie, reprit Louis XIV; je ne veux me souvenir que d'une chose : c'est qu'il

m'a sauvé la vie. Je n'ai plus  qu'une nouvelle
à vous apprendre ,  mesdames , dit le roi après
un moment de silence , et en se tournant vers
mesdames de Soubise et de Rochefort : Mademoiselle Berthe de Pontareuc vous prie de signer demain à son contrat avec le comte Régis
de Kerven à qui  je donne un régiment ! La
place d'officier de la vénerie lui conviendrait
mieux qu'à tout autre, ajouta-t-il en jetant un
regard sévère sur M. de Flamarens ; mais je ne
veux froisser ni mécontenter personne ;  pas
même M. de Cavoie qui s'est battu cependant
contre les ordonnances, et que le tribunal des
maréchaux condamnera demain à une forte
amende !                              .

Et que vous payerez, marquis, ce soir même,
continua le roi ; les d'Éterville étant plus sen-
sibles à l'argent qu'à autre chose. Votre libératrice , la voici, poursuivit-il en montrant mademoiselle Blanche de Coëtlogon ; remerciez
votre femme.

— Ma femme ! répondit le marquis en s'inclinant. Cette fois je ne l'échapperai pas ,
ajouta-t-il en se parlant à lui-même, c'était écrit !

— La charge de maréchal des logis que vous
m'avez tant demandée vous aidera, marquis, à
payer l'amende que vous devez aux d'Éterville.
Êtes-vous encore mécontent de moi ?

— Et vous, sire, reprit Berthe, avez-vous donc juré que ce soir tout le monde serait heureux ?

.   .   .   .   .   .   .   .   .   .   .   .   .

.   .   .   .   .   .   .   .   .   .   .   .   .

Le devoir impartial de l'historien nous force d'ajouter quelques mots à ce récit. Cavoie eut en effet la charge de maréchal des logis, mais il eut aussi celle de sa femme, et, chose surprenante, il ne fut pas moins bon mari qu'il avait été brave gentilhomme. Madame de Soubise conserva jusqu'à la fin de ses jours l'empire inébranlable que le charme de son esprit et de sa beauté avait exercé sur Louis XIV. Pour Régis de Kerven, trop fidèle, hélas! à sa destinée de malheur, il mourut des premiers dans la campagne de Flandre, pendant que la ténébreuse complaisance de M. de Soubise, l'âge de Louis XIV, et l'habitude, consolidaient le crédit de cette femme unique, traversant le règne de toutes les maîtresses du roi pour rendre le sien aussi long que ce long règne.

FIN.